REISEWEG

Peter Seeberg

Der Junge ohne Namen

N&K

Peter Seeberg
Der Junge ohne Namen

aus dem Dänischen
von Lothar Schneider

Nagel & Kimche

Der Titel der Originalausgabe lautet:
Uden et navn
Berechtigte Übersetzung aus dem
Dänischen von Lothar Schneider

Umschlag von Reinhard Michl
Gesetzt in der Baskerville Antiqua
ISBN 3-312-00732-1

Sandra u. Claudia B.

Diese Geschichte spielt vor 1700 Jahren, zu einer Zeit, die man die römische Eisenzeit nennt. Die Gegend, die geschildert wird, ist die Halbinsel Jütland im heutigen Dänemark.

Damals war das Land längst von germanischen Stämmen besiedelt, von Bauern, die in Dörfern wohnten und Eisenwerkzeuge benutzten. Immer, wenn der Boden erschöpft war und die Ernten kleiner wurden, zogen sie weiter, rodeten anderswo die riesigen Wälder und errichteten neue Dörfer, und jedesmal wurden die Waldflächen und mit ihnen die Wildbestände kleiner.

Doch in den Wäldern und entlegeneren, unfruchtbaren Gegenden des Landes lebten noch andere Menschen, Jäger und Fischer, die sich nach wie vor ihrer alten Steinwerkzeuge bedienten. Sie waren die Verlierer der Geschichte, weil sie sich der «neuen Zeit» nicht anpassen wollten. Sie verhungerten allmählich, denn die Tiere, die sie jagten, wurden mit der Rodung der Wälder immer seltener, und Bauern werden wollten sie nicht.

Was dem «Jungen ohne Namen» widerfahren ist, ist kein einmaliges Ereignis. In ähnlicher Weise hat sich seine Geschichte durch die Jahrhunderte und auf allen Kontinenten tausendfach wiederholt: überall dort, wo Jäger und Bauern mit einer technisch überlegenen Zivilisation aufeinandertrafen. Wir begegnen ihr in anderer Form noch heute: im Gebiet der Amazonasindianer, in Indien zum Beispiel. Denn das Denken jener, die von der Natur nur nehmen, was sie brauchen, und der anderen, die raffen und horten, scheint unvereinbar.

November 1989

1

Die Welt war klein, flach und platt.

Der Winter hielt noch immer seine Hand über dem See. Das erste dicke Eis war zwar vor einem Mondwechsel aufgebrochen und hatte die trügerische Hoffnung geweckt nach offenem Wasser und Vogelschwärmen. Der Magen begann schon, von Krickenten und Wildgänsen zu träumen. Aber der Wind hatte gedreht, wehte aus der kalten Ecke, ein trockener, schlimmer Wind, der über den See blies und eine feste, schwarze Eisschicht bildete, die immer dicker wurde, dabei aber so durchsichtig blieb und in der Sonne blitzte und blinkte, daß man die Augen zukneifen mußte. Die Tage wurden länger, doch es wurde kälter, und mit dem Wind kamen die Laute der Tiere aus dem Wald, das Brüllen der Kühe und das Blöken der Schafe aus dem Dorf der Bauern.

Die Mutter kauerte bei der Feuerstelle und sang leise von dem Jahr, das nur aus Sommer bestand und das doch wiederkehren könne, sie verschob die Zweige und Scheiter, wärmte sich die Hände und blickte sich um, durch die Hütte, hinauf zu den Ästen, die das Dach bildeten, hinaus durch die halbgeöffnete Tür. Das grelle Licht blendete, und sie kniff die Augen zusammen, als sie auf dem Eis nach dem Vater Ausschau hielt.

Jetzt fing sie mit ihm zu reden an, die eine Hand lag unter Wange und Kinn, die andere bewegte sie langsam durch die Luft, beschrieb Wellen und Schlangenlinien in immer gleichbleibenden Bewegungen.

Der Junge, der noch keinen Namen hatte, sondern nur Mutters Junge war, ein Welpe, ein Junges, schob das Wandreisig beiseite und guckte hinaus. Weit draußen auf dem See erkannte er die Gestalt des Vaters, klein neben dem langen Fischspeer, von dem er gerade einen Aal ablöste, der so groß zu sein schien wie er selber. Er hielt ihn fest im Griff, legte ihn behutsam in den Korb und machte sich auf den Heimweg, leicht hinkend, der Kältedunst stand ihm vor Mund und Nase.

Die Mutter lachte zufrieden und stand auf. Sie ging hinaus, wo der Hund saß und die ferne Gestalt im Auge behielt, hechelnd in der Vorfreude auf das Fressen.

«Steh auf, kleiner Mann», sagte die Mutter, «wenn du deinen Vater sehen willst, wie er mit dem Aal heimkommt.»

Aber der Junge wollte nicht aufstehen. Er hatte es warm in dem Moosbett unter der alten Decke aus Fuchsfell. Er konnte warten, bis der Vater zu Hause war.

Die kleine Schwester wand sich schlaftrunken aus dem warmen Lager, setzte sich auf, bibberte ein wenig, rieb sich die Augen und die Nase. Sie stand auf, ging hinaus, guckte und kraulte den Hund im Nacken.

Der Vater setzte den Korb ab, und die Mutter öffnete ihn. Sie knieten nebeneinander und schauten in den Korb. Die Kleine kam heran und wollte auch sehen, und der Hund strich hinter dem Vater herum.

«So ein schöner Aal», sagte die Mutter zum Vater.

«Ein prächtiger Bursche», sagte der Vater und lächelte.

«Tüchtiger Aalfänger», sagte die Mutter und fuhr ihm mit den Fingern durch sein schwarzes Haar.

«Die Aale sind sehr treu», sagte der Vater.

«Wirklich treu», sagte die Mutter, «was sollten wir um diese Zeit und bei dieser Kälte ohne die Aale anfangen?»

«Die Wildgänse kehren bald zurück», sagte der Vater, «aber sie fliegen hinaus zum Fjord, wo das offene Wasser ist.»

«Ach, die Wildgänse», sagte die Mutter, «sie sind uns nicht treu.»

«Vielleicht sind sie in diesem Jahr treu», sagte der Vater, «vielleicht ist uns das Eis freundlich gesonnen und bricht rechtzeitig auf, vielleicht werde ich dir nächstes Mal Wildgänse bringen.»

«Ja», sagte die Mutter, «dann wären wir wieder schön wie der Sommer.»

Sie nahm ihr Brett und ihr Schneidemesser, die Fischköpfe warf sie dem Hund zu, das Fleisch und die Häute wurden zur Seite gelegt, gab es etwas Zäheres als Aalhaut, und sie schnitt das Fleisch in Stücke, richtete sie auf dem sauber geschabten Brett an. Sie holte getrocknete Kräuter, zerrieb sie zwischen den Händen und streute sie darüber, damit die Aale an Land kommen konnten, wie sie sagte.

Der Vater war auf die Anhöhe hinter der Hütte gegangen und hatte über das Land und in alle Himmelsrichtungen geschaut. Als er zurückkam, setzten sie sich ans Feuer und verzehrten den Aal, und während sie aßen, sangen sie Loblieder auf den guten, treuen Aal, der sie noch in keinem Jahr im Stich gelassen hatte.

Nach der Mahlzeit rülpsten sie kräftig, und der Vater schlüpfte in sein Moosbett, unter das Wolfsfell seines Urgroßvaters. Viele Geschichten hatte der Sohn über das Fell gehört, Geschichten vom Anfang der Welt, vom ersten Morgen und der Zeit danach: von Aalmutter und Aalvater, von den Sternen, die einst frei herumschwirrten wie Libellen, vom Eis, das die Erde bedeckt hatte, bis eine kleine Menschenmutter auf einem Berggipfel ein Feuer entzündet hatte, und von ihrem eigenen Clan, der von dem klugen Baummarder abstammte. Damals gab es genug Tiere auf der Erde.

Die Mutter stocherte im Feuer und redete mit sich selbst, bis der Vater schlief und schnarchte. Dann ging sie hinaus und nahm ihren Korb. Die Kleine folgte ihr, und auch der Hund trottete hinterdrein. Gemeinsam verschwanden sie Richtung Mittag im niedrigen Eichen- und Kieferngehölz des Waldrandes, um zu schauen, ob vielleicht irgendein eßbarer Pilz aus einem Baumstumpf oder einer abgerissenen Rinde gewachsen war.

Mutters Junge, wie er immer noch hieß, nahm den langen Fischspeer des Vaters, prüfend umfaßte er den glatten Schaft aus Eibe, und er fand den Speer nicht zu lang und nicht zu schwer. Obwohl er einen Kopf kleiner als der Vater war, reichten seine Arme hoch genug hinauf, um den Schaft so zu halten, daß er gezielt zustoßen konnte. Er holte sich den kleinen Spitzhammer aus Feuerstein, den sein Vater, der Vater seines Vaters und auch dessen Vater immer benutzt hatten und der ein so großes Loch ins Eis machte, wie es für Speer und Schaft nötig war. Das Loch wurde wie ein Mund, wie eine Führung, die beim Zielen half.

Der Junge beugte sich zur Türöffnung und flüsterte: «Vater, ich geh hinaus und versuche, einen Aal zu stechen.»

Der Vater drehte sich schwerfällig um. Das Schnarchen brach kurz ab, dann fiel er wieder in tiefen Schlaf. Seine dunklen Augen waren für einen winzigen Moment offen gewesen.

Den Aalstecher in der linken und den Hammer in der rechten Hand, lief der Junge hinunter zum Seeufer, wo das alte, rissige Boot umgekippt lag und darauf die geflochtene Reuse.

Obwohl kein Wind blies, raschelte es im Schilfwald, stets hatten die Schilfrohre etwas zu erzählen, bei Nacht und Tag, während die dichten, grünen Grasbüschel unter dem Eis schwiegen.

Zwischen dem Röhricht war das Eis weiß und spröde, übersät mit gefrorenen Schilfstengeln. Doch dahinter lag das See-Eis dunkel und klar. Hier stiegen sie im Sommer immer ins Boot. Weiter draußen gab es viele Risse, die nach allen Richtungen verliefen, sie bildeten sich mitten in der Nacht, unter lautem Krachen, das einen aus dem Schlaf riß. Sonst war das Eis spiegelglatt bis auf einige Luftblasen hier und dort, Stellen, vor denen er sich in acht nehmen mußte.

Er ging in die Richtung, wo der Vater morgens gefischt hatte. Wo ein Aal ist, sind viele Aale, und wo sie liegen und träumen, steigen Luftblasen auf und legen sich unters Eis. Wo die Luftblase klein, rund und lebendig war, da wollte er sein Loch hacken, da wollte er seinen Aal fangen.

Wo die Sonne stand, war der Himmel bleich. Ein Adler flog mit ausgebreiteten Schwingen am Ufer entlang, er würde sich vermutlich den Hasen holen, der sonst in eine von Vaters Schlingen gegangen wäre. Und Hasen waren rar.

Der Junge blieb stehen. Vor sich sah er eine Luftblase unter dem Eis. Er ging näher heran. Er wartete, und kurz darauf stieg ein kleines Bläschen auf und legte sich zu der großen unterm Eis, und dann kam noch eines. Hier schlief und träumte der Aal.

Er legte den Fischspeer beiseite, schätzte die Größe der Luftblase ab. Er ging in die Hocke und schlug mit dem Spitzhammer. Es dröhnte, das war nicht zu vermeiden, aber der Aal floh noch nicht, vielleicht dachte er, daß es ihn nichts anginge.

Ein Loch war entstanden, Wasser schwappte auf das Eis. Der Junge säuberte die kleine Öffnung von Eissplittern. Er stand auf und nahm den Speer. Er spürte Angst in der Brust und schaute sich um.

Der Adler schwebte über dem gefrorenen Gras des Uferstreifens und flog dann in niedriger Höhe hinüber zum Wald, wo er aufstieg. Er hatte nichts zwischen den Klauen, er hatte sein Ziel verfehlt. Ach ja, lieber Adler, sagte er zu sich, nun bist du wohl enttäuscht.

Er wurde auf einmal froh. Gut, daß es Fehlschläge gab, auch für Adler.

Dann stand er ganz still. Den langen Speer hatte er mit beiden Händen umfaßt, die Spitze zeigte auf das

Loch. Er stieß zu. Seine ganze Kraft legte er hinein, und er fühlte, wie seine Seele ein Stück mit hinunterging in die Tiefe des Sees.

So blieb er, sein ganzes Gewicht nach vorne gelegt, still stehen. Er holte tief Luft, bewegte den Speer ein bißchen und meinte, den Widerstand des Aals zu spüren.

«Danke, kleiner Aal», sagte er, «danke, daß du so treu bist.» Es konnte nicht anders sein. Da steckte ein Aal an der Harpune. Er zog den Speer ein, noch war es zu früh, stolz zu sein.

Er sah den gelbgrünen Rücken unter dem Loch. Er hatte ihn in den Nacken getroffen, das Tier zappelte heftig, und er mußte sich bücken und mit der Hand zupacken, um es zu beruhigen, bevor er es durch das Loch ziehen konnte.

Ein Riesenaal. Hoffentlich war es nicht der Aalvater selbst. Das Eis dröhnte. Wollte es aufbrechen und ihn verschlingen?

Ein Aalriese. Wie würde sich seine Mutter freuen, sie war ja so hungrig, ständig saß sie da und schälte die Rinde von den Scheitern, um vielleicht ein flaches, kleines Lebewesen zu finden, das sie zerbeißen konnte, um den Hunger ein wenig zu stillen.

Der Aal schlängelte sich am Speer und auf dem Eis, und er wußte plötzlich nicht mehr, was er tun sollte. Er hatte Vaters Messer und den Korb vergessen. Er mußte den Aal am Speer oder mit den Händen nach Hause tragen. Dumm.

Während er noch überlegte, befreite sich der Aal. Der Junge sah, wie der Aal über das Eis schlängelte, rutschend und wieder Halt findend, in rasender Geschwindigkeit, der Junge stürzte hinterher, warf sich auf das Tier und packte es mit beiden Händen. In dem Aal steckte eine unglaubliche Kraft und eine unglaubliche Geschmeidigkeit.

«Du großer Riesenaal», sagte er, «sei doch treu. Komm heim mit mir zu meiner Mutter, die solchen Hunger hat.»

Und der Aal zögerte wirklich einen Augenblick und noch einen. Vielleicht waren es die Luft und die Kälte, vielleicht war es das Flehen des Jungen.

Der Aal hatte ihn verstanden. Das Tier zuckte nur noch ein paarmal, er konnte es in Ruhe betrachten. Er hielt es in einer Hand, direkt hinter dem Nacken.

Mit Speer und Hammer in der linken und dem Aal in der rechten Hand machte er sich auf den Heimweg. Als er in Sichtweite der Hütte war, sah er, wie der Vater aus der Tür trat, um die Ecke bog und ihn schließlich erblickte. Der Vater stand unten am Ufer neben dem Boot, als der Junge an Land kam. Der Vater nahm ihm den Aal ab und nickte.

«Aale sind sehr treu», sagte er, und gemeinsam gingen sie hinauf zu ihrer Hütte.

Und als sie oben standen und der Aal im Korb lag, lachten sie, zuerst ein bißchen, dann richtig, zuerst der Vater, dann der Sohn, und sie umarmten sich und lachten und rieben sich gegenseitig die Arme.

«Jetzt wird sich die Mutter freuen», sagte der Vater.

Das würde sie wohl.

Der Junge lehnte den langen Aalstecher gegen die Dachtraufe der Hütte.

Sie setzten sich ans Feuer, der Vater stocherte in der Glut und legte Brennholz auf, bis die kleinen Flammen emporzüngelten und dünner Rauch am Boden entlang zur Tür hinaus kroch. Sie schliefen nicht, aber sie träumten ein bißchen, bis sie die Stimmen von Mutter und Tochter aus der Ferne hörten. Jetzt kamen sie aus dem Wald, und sie redeten die ganze Zeit, die Tochter eifrig, die Mutter erklärend. Jetzt waren sie bei der großen Eiche, die beiden am Feuer hörten es, und jetzt stiegen sie zur Hütte hinunter, ständig redend, die Mutter ging voran, dahinter die Tochter, als letzter der Hund.

Jetzt waren sie schon ganz nahe, und der Vater erhob sich und ging hinaus, um sie zu begrüßen. Der Junge, der noch keinen Namen hatte und nur Mutters Junge genannt wurde, blieb sitzen und lächelte bei dem Gedanken, was die Mutter und die Schwester wohl sagen würden.

Die Stimme der Mutter war so laut und schrill. Das verhieß nichts Gutes. Sie hatten wohl nichts gefunden. War wirklich kein einziger Pilz aus dem morschen Baumstumpf oder einem gespaltenen Stamm gewachsen? Hatten nirgends ein paar gefrorene Beeren unter dem Schnee überwintert, nur Haut mit ein bißchen Saft, der nach süßem Herbst schmeckte? Oder eine Handvoll guter Grassamen, die man zwischen zwei Steinen zermahlen konnte und damit den Mund füllen? Oder einige lange Streifen rötlicher Weidenrinde, auf denen man kauen konnte? Hatten sie nichts davon mit heimgebracht?

Die Mutter und die Schwester unterbrachen ihr Gespräch, als sie den Vater vor der Tür stehen sahen. Der Vater sah so verschmitzt aus, und der Junge hörte, wie die Mutter auf einmal mit der Schwester wisperte und tuschelte. Sie schlichen auf leisen Sohlen näher, der Hund umkreiste sie schnüffelnd, und der Junge stellte sich vor, wie der Vater den Korb öffnete, in dem sich der Aal wand, und alle standen da und freuten sich über den herrlichen Anblick des dicken, langen Aals.

Die Mutter schaute den Vater an, und der deutete zur Feuerstelle, wo der Junge sich abwandte, sich nicht regte, bis er spürte, daß die Mutter ihn lächelnd anblickte. Da lachte er, und sie lachte, und sie lachten alle zusammen. Der Vater hielt den Aal in die Höhe, und der Junge trat heraus, und in diesem Augenblick sah er, wie der Adler nach unten stieß.

«Jetzt nimmt er sich den Hasen», rief er, und der Vater schaute in dieselbe Richtung, und sie sahen den Adler mit mächtigen Flügelschlägen aufsteigen, einen Hasen in den Klauen, vielleicht war es ihrer.

«So ist es, wenn man einen Adler zum Nachbarn hat», sagte die Mutter.

Hasen schmecken besser als Aale, sie spürte es im Magen und auf der Zunge, schon lange hatten sie kein Fleisch mehr gegessen. Die Fallen waren leer, wenn sie nachsahen, vielleicht, weil sich die Hasen in den Äckern der Bauern aufhielten oder weil irgendeiner der Siedler glaubte, man könne sich ruhig einen Hasen aus ihren Fallen mitnehmen. Mitten in ihrer Freude über den Aal wurden sie traurig.

Die Mutter zeigte, was sie gesammelt hatte. An allem klebte grünes Moos, aber sie hatte nasse, gelbe Schwämme und bläulich-weiße Pilze gefunden. In einer Ecke des Korbes lagen einige Handvoll gefleckter Moosbeeren aus den Waldniederungen, in denen auch in den trockensten Sommern das Wasser stand. Die

Mutter teilte sie sofort aus, und sie schmeckten den kalten, bitteren Saft.

Ach, wie geschickt die Mutter doch war, jedesmal fand sie etwas. Sogar im tiefsten Winter scharrte sie an bestimmten Stellen, die sie genau kannte, den Schnee weg und fand irgendwelche Beeren. Sie war so geschickt, und die Schwester stand hinter ihr und sagte nichts, denn was hatte sie gefunden?

Sie hatte unter der Kiefernrinde sieben flache Käfer gefunden.

«Aber die habe ich gleich gegessen», sagte die Mutter und lachte breit. Doch dann wurde sie aufgeregt.

Sie hatten Hirschspuren entdeckt. Es mußte ein großer Hirsch sein, denn die Spuren waren tief und breit.

Der Vater hörte zu und wandte sich ab.

«Hirsche sind zu groß», sagte er, als die Mutter drängte. «Viele Tagemärsche gehen sie, quer über die Felder der Bauern, der Hirsch kann laufen, wo er will, wir nicht mehr.»

Unsicher schaute er den Jungen an, und der Junge sah die Trauer in seinem Blick.

«Kleine Hasen», sagte der Vater, «kleine Hasen in Schlingen und Fallen, und Vögel, aber Hirsche . . .»

Er wandte sich ab.

Sie waren auch auf Menschenspuren gestoßen, waren ihnen unauffällig gefolgt bis zu einem Acker, wo sie einen Bauern gesehen hatten, eingehüllt in sein Wams und mit der Kapuze auf dem Kopf war er auf dem Weg zum Dorf, wo der Rauch aus allen Dächern aufstieg. Er hatte sie nicht gehört. Es war so einfach, einen Bauern zu überlisten.

«Sie haben Ohren wie wir», sagte die Schwester, «aber sie hören nichts.»

«Sie verlieren von dem Gebrüll ihrer Tiere das Gehör», sagte der Vater, «sie riechen nicht mehr den Duft der Blumen und erkennen nicht den Geruch des Wilds, weil sie in Rauch- und Mistgestank leben. Keiner von ihnen versteht es, mit einem Vogel zu sprechen, keiner kann einen Fisch anrufen. Für Brot und Käse mühen sie sich ab und lassen einander schuften und wissen nicht, was die Welt ist.»

Sie schauten den Vater an und wollten mehr hören.

«Sie haben uns aus unseren Jagdgründen vertrieben. Sie brennen den Wald ab um des Brotes willen und vermehren sich und zeugen und schaffen riesige Sippen. Und wo bleiben wir? Wo haben wir Verwandte, wo sind die anderen von unserem Volk? Zur Zeit meiner Eltern waren wir viele, zur Zeit meiner Großeltern gab es noch dichte Wälder, und die Hirsche tranken im Sommer in den Waldniederungen. Früher, als unser Clan entstand, waren *wir* hier die Menschen. Aber die Bauern lassen uns nicht leben. Welche Absprachen wir auch treffen, sie brechen alle. Sie brennen die Wälder nieder, und für die Nester der Vögel gibt es bald keinen Zweig mehr. Legen wir ihnen einen fetten Aal oder eine der ersten Schnepfen als Geschenk an den Waldrand, geben sie uns dafür nur Schund und gebrauchtes Zeug, zum Schein und aus Angst, wir könnten einen ihrer Männer beim Pflügen oder Säen auf dem Acker mit Pfeilen beschießen, oder wir könnten in einer ihrer Töchter den Rausch der Liebe wecken, sie mit zu unseren Wohnplätzen nehmen und sie verstecken, bis sie nicht mehr zurückkehren will. Diese Schmach fürchten sie am meisten.»

«Unser Unglück ist groß», sagte die Mutter, und Tränen standen in ihren Augen, «aber nun wollen wir uns über den feinen Aal und die guten Pilze freuen, die so treu zu uns halten.»

Der Vater brach auf, um nach den Schlingen zu sehen. Die Mutter setzte sich ans Feuer, um ein bißchen zu singen. Der Junge und seine Schwester gingen hinunter zu der kleinen Quelle, die am Fuße des Hügels plätscherte. Am Rande war dünnes, sprödes Eis, das sie sich auf die Zunge legten und schmelzen ließen. Unter dem gefrorenen Grassaum schwammen manchmal winzige Fische. Das Wasser strömte schnell den kurzen Weg hin zum See, an der Mündung verschwand das offene, dunkle Wasser hinter Weidenbüschen, wo im Sommer die Singvögel in den Ästen saßen. Sie schöpften Wasser, wo der Grund sandig und hell war, schlürften es und ließen es durch die Finger laufen. Das machten sie, bis es lauwarm war. Sie machten ihre Gesichter naß, ihre Augenbrauen und ihre Ohren, sie genossen es, so naß und erfrischt zu sein. Sie schnieften das Wasser in die Nasenlöcher und prusteten es wieder aus, sie gurgelten damit im Mund und spuckten es in weitem Bogen aus. Man konnte Wasser für so vieles benützen. War Wasser nicht etwas Einzigartiges?

Der Hund gesellte sich zu ihnen, er stellte sich mit den Vorderbeinen ins Wasser und schlabberte und schlabberte.

«Mutter sagt, daß bald Neumond ist», sagte die Schwester, «dann wirst du uns wohl verlassen?»

Der Junge schaute sie an und schwieg.

«Du bist noch so klein, sagt Mutter, aber jetzt ist es Zeit für dich, sagt sie, sie spürt, daß du einen Namen brauchst, und deshalb mußt du für einige Zeit weggehen.»

Er fuhr mit den Fingern durchs Wasser. Er dachte nach. Er begann, mit beiden Händen aufs Wasser zu klatschen, da entstanden Laute, hohle Plätscherlaute, und die Schwester machte es ihm nach. Wasser war wirklich etwas Einzigartiges.

Der Hund schaute ihnen zu, und das Wasser troff ihm aus den Mundwinkeln. Sie klatschten und sangen, es wurde schon dunkel, als sie heimgingen.

2

Die Dämmerung kam jetzt langsamer, die Tagundnachtgleiche war vorüber. Noch lange nachdem die Sonne hinter dem Horizont verschwunden war, leuchtete der graue Himmel rosa und rot. Der Wind schlief ein, und in der Stille vernahm man nur das Dröhnen des aufreißenden Eises, das leise Rieseln der Quelle und die Schreie der Eulen in der hohen Eiche.

Die Mutter schürte das Feuer. Sie hatte die Haut des Aals am Nacken aufgeschnitten, hatte sie vorsichtig abgezogen, jetzt wickelte sie das Fleisch des Fisches in Kräuter. Dann streifte sie die Haut vorsichtig wieder über den Aal. Sie legte ihn in die heiße Asche, und wenn der Vater heimkam, würden sie ihn essen, tropfend und warm. Die Mutter redete leise mit sich selbst und sang, und sie horchte, ob sie schon Schritte vom Seeufer her hörte, denn von dort mußte er kommen.

«Vater wird sicher ein niedliches Hasentier mit heimbringen», sagte sie, oder: «Bestimmt bringt er uns einen Hoppelmann, mit Fett am Rücken und Fett an den Läufen. Mmm.»

Sie hatte solchen Hunger, ihr Magen war so leer.

«Schaut mich an, wie wintermager ich bin», sagte sie, «und wie ihr ausseht, nur Haut und Knochen. Wenn wir doch heute und morgen einen Hasen essen könnten.»

Mit der Dämmerung kam jedesmal eine kleine Maus. Mit gespitzten Ohren und blitzenden kleinen Augen saß sie da und guckte den Jungen an, bis er ihr die Hand hinstreckte. Dann sprang sie in seine Hand, schnüffelte prüfend und lief rasch seinen Arm hinauf bis zur Schulter, wo sie sich hinsetzte und ihm in die Augen schaute. Sie machte Männchen, wackelte mit den Vorderbeinen, und ihre Barthaare zitterten. Jeden Tag erzählte sie über das, was sie erlebt hatte, erzählte von anderen Feldmäusen, die in die Dörfer gelaufen waren und in großen, mit Getreide gefüllten Tontöpfen lebten und die so schreckliche Angst vor dem Sterben hatten.

«Mich kann höchstens eine Eule oder ein Fuchs erwischen», sagte sie, «das soll gar nicht weiter schlimm sein. Sterben, was ist schon Schlimmes dabei? Meine Mutter sagt, man soll schreien, so laut man kann, wenn man von einem Fuchs oder einer Eule gepackt wird. Ganz laut, hat sie gesagt. Dann tut es überhaupt nicht weh.»

Der Junge streichelte die Maus und nahm sie behutsam in seine Hand, ihr langer Schwanz hing nach unten, und ihre spitze, lebhafte Schnauze reckte sie nach vorne.

Durch den leichten Rauch des Feuers sah er die Augen der Schwester. Sie verfolgten jede seiner Bewegungen, und er bemerkte, daß in ihrem Blick viel Traurigkeit lag.

«Jetzt kommt Vater», sagte die Mutter, sie kratzte die glühenden Holzscheiter auseinander, legte den Aal in die Asche, häufte Glut und Asche darüber und klatschte in die Hände, bis sie sauber waren.

Das Gesicht des Vaters erschien in der Türöffnung. Er hielt drei Hasen, die er zusammengebunden hatte, in den Schein des Feuers. Der Junge setzte die Maus neben sich auf den Boden, aber sie folgte dem Jungen und seiner Schwester, die die Beute aus der Nähe betrachteten, und sie lachten, zuerst die Mutter und dann der Vater, sie lachten über den Fang, und sie hängten ihn an den Dachbalken. Der Hund beäugte sie neidisch von draußen und schnüffelte verhungert.

Jetzt litten sie keine Not mehr.

Während sie den tropfenden, warmen Aal verspeisten, der nach Thymian und Petersilie schmeckte, erzählte der Vater von den Funken, die man aus den Feuersteinen schlägt, und davon, wie man die kleinen Funken in dem weichen Baumschwamm hütet, wie man sie durch Blasen zum Leben erweckt, damit sie wachsen und zu einer mächtigen Flamme werden.

Später am Abend ging der Vater hinaus, und durch die geöffnete Tür sahen sie, daß der Himmel sich geöffnet hatte. Die Wolkenschicht lag wie ein leichter Nebel über dem See, am Himmel hingen die Sterne, hell zukkend, als wollten sie sich losreißen, zur Erde stürzen oder auf und davon fliegen.

Nachts konnte es noch ziemlich kalt werden, aber wenn der Himmel klar blieb, würde die Sonne tagsüber wärmen, und sie konnten an der Hüttenwand sitzen und den Frühling erwarten.

Die Maus piepste in ihrem Loch, als wollte sie etwas erzählen. Die Holzscheiter im Feuer zischten, draußen auf dem See krachte das Eis. Sie waren gesättigt und gähnten vor Müdigkeit.

«Vater wird bald kommen», sagte die Mutter, «er hält Ausschau nach Frühlingszeichen.»

Und gleich darauf erschien er, beinahe lautlos, und öffnete die knarrende Tür. Die Schwester sah die schmale Mondsichel über See und Wald. Sie schaute den Bruder an, und er schaute sie an. Er wußte, woran sie dachte. Er holte tief Atem und blickte weg, dorthin, wo die Hütte dunkel war.

Vater und Mutter schwiegen. An den Schatten erkannte er, daß die Mutter unter die Felle des elterlichen Schlafplatzes kroch und daß der Vater sitzen blieb, die Arme um die Knie geschlungen und den Kopf nachdenklich gesenkt.

Das Eis krachte. Die Maus piepste in ihrem Loch, und im Schilfdach raschelte es, wenn der Bruder der Maus, der Zaunkönig, sich im Schlaf bewegte. Bald begann die Mutter leise zu schnarchen, und vom Bett der kleinen Schwester hörte er leichte Atemzüge. Seine zarte, zerbrechliche Schwester.

Er spürte, wie der Schatten des Vaters die ganze Hütte ausfüllte, als er das Feuer verließ und zur Mutter unter die Felle schlüpfte. Er hörte ihn einmal tief seufzen, ehe er einschlief und leise zu schnarchen anfing.

Ab und zu knisterte das Feuer, die kleinen Flämmchen züngelten um die Scheiter, versteckten sich in den langen Rissen und kamen am Rücken oder unter dem Bauch des Holzes wieder zum Vorschein. Im Laufe der Nacht würden sie sich schlafen legen, tief drinnen im Holz, bis ihnen die Mutter am Morgen neues Leben einblies. Zuerst würde das Holz aufglühen, dann kämen die Funken und schließlich die Flamme, und dann würde die Mutter ihre Hände wärmen und der Tag beginnen.

Wenn der Vater irgendwelche Zeichen am Himmel oder auf der Erde entdeckt hatte, war die Zeit für ihn gekommen, dann würde der Junge aufbrechen müssen, um seinen Namen zu finden. Ein bißchen fürchtete er sich davor, aber nur ein bißchen. Er mußte allein losziehen, doch sie würden ja auf ihn warten. Sie würden von ihm reden und ihn mit ihren besten Wünschen begleiten. Dann war es nicht so schlimm. Er lächelte vor sich hin. Hatte er nicht heute ganz allein einen Aal gefangen? Die Aale waren wirklich treu. Ob er sich auf die Vögel und Hasen auch verlassen konnte?

Er war nicht zaghaft, er hatte nur Angst, es zu werden. Auf einmal ist man wie gelähmt und fürchtet sich vor jeder Bewegung.

«Hast du manchmal Angst?» hatte er seine Mutter einmal gefragt.

Und ob sie Angst hatte.

«Ich singe für meine kleine Angst», sagte sie, «sie wohnt in mir und möchte, daß ich für sie singe, dann schläft sie ein.»

Er konnte das nicht. Er hätte gar nicht gewußt, was er hätte singen sollen. Er mußte still sein und singen lernen.

Er war müde, aber er konnte nicht einschlafen. Bis in die Morgenstunden wälzte er sich unter seinen Fellen hin und her.

Da erschallten hoch oben über dem Dach Vogelrufe.

Der Vater drehte sich im Schlaf um. Die Rufe erklangen dreimal, und sie tönten jedesmal neu. Es war wohl ein ganz neuer Vogelschwarm, der in größeren Abständen flog. Es war Zeit, vielleicht auch seine Zeit.

Er schlief ein und erwachte erst, als es längst hell war und der Zaunkönig zwitschernd durch die geöffnete Tür hinaushuschte.

Er merkte, daß er allein in der Hütte war, und stützte sich auf, um hinauszuschauen. Er hörte die Stimmen der kleinen Schwester und der Mutter, ehe er ihre langen Schatten sah. Sie saßen an der Sonnenseite der Hütte und wärmten sich, wie lange hatten sie alle davon geträumt.

Er stand auf, er ging hinaus. Sie mußten ihn gehört haben: Mutters Gesicht erschien hinter der Giebelwand und schaute ihm entgegen.

«Ah», sagte sie, «kleiner Mann, komm und setz dich zu uns, hier ist es warm, herrlich warm.»

Er setzte sich zu ihnen und ließ sich wärmen und ließ sie reden, als wäre er nicht da. Einmal redete die eine, einmal die andere. Nun konnten sie bald frische Wurzeln aus der Seewiese ausgraben, überall im Wald würden gute Pilze wachsen, die Schnepfen würden durch die Farne laufen und die Enten im Schilf schnattern, sie würden Eier aus den Nestern holen und die Dotter voller Leben und Kraft verschlingen, sie würden dick werden, prall und schön wie der Sommer. Vielleicht würde es neue Felle von Fuchs und Reh geben, und sie konnten sich neue, weiche Kleider nähen.

Vielleicht, vielleicht.

Wer wußte das schon.

Der Junge schaute nach dem Vater aus, aber auf der glatten Eisfläche war niemand. Er streifte wahrscheinlich bloß herum oder saß still bei einem Busch oder am Waldrand und lauschte, wie das Gras wuchs und ob sich etwas Lebendiges regte. Auf diese Weise würde er erfahren, wann die ersten Schnepfen auftauchten und wohin er mit Bogen und Pfeil zu gehen hatte.

Wenig später tauchte der Vater bei der großen Eiche auf. Er ging ganz langsam, schaute immer wieder hinaus auf einen entfernten Punkt über dem See. Er schien fest davon überzeugt, daß von dort etwas kommen müsse.

Schließlich erblickten auch sie den Vogelschwarm, bald gesammelt, bald einzeln kamen sie über den See geflogen. Sie hörten ihre Schreie und sahen die Vögel, wie sie mit kräftigen Flügelschlägen, die Beine nach hinten und den silbergrauen Kopf mit dem roten Scheitel vorgestreckt, durch die Luft brausten. Sie sahen ihre Augen, die im Fieber des Fliegens nach vorn gerichtet waren, hin zu dem Ort, zu dem sie zurückkehren wollten, um dort im Frühsommer zu jagen und zu brüten.

Der Vater stieg den Hügel hinauf und setzte sich zu ihnen.

«Du hast gesehen, wohin sie geflogen sind», sagte er zu seinem Sohn.

Der Junge nickte.

«Es wird das beste sein, wenn du dich in diesem Sommer auf den Weg machst», sagte der Vater, «finde drei rote Kranichfedern für deine Mutter, sie wird die Federn in ihrem Brustbeutel aufbewahren. Dann wirst du einen Namen bekommen, damit dich alle kennen und du alles kennenlernen kannst.»

Der Sohn bemerkte, wie sich Mutter und Schwester

anschauten. Er wandte sich ab, blickte über den See und hinunter zur Quelle und zu der großen Eiche, er entdeckte den Zaunkönig, der auf einem Grashügel saß und sich noch kleiner machte. Dann sah er den Vater an und sagte:

«Ich glaube auch, daß es gut ist, wenn ich in diesem Sommer drei rote Nackenfedern von den Kranichen hole.»

Er zögerte ein bißchen und blickte zum Zaunkönig hinüber.

«Vielleicht wird er mir helfen, vielleicht wird auch die Maus alle ihre Mäuseschwestern bitten, mir zu helfen. Die kleinen Wesen können den großen helfen, das habe ich erfahren. Meinst du, ich soll heute gehen?»

Der Vater nickte.

«Es dauert viele Tage, den Sommerplatz der Kraniche zu finden», sagte er, «es dauert den ganzen Sommer, fortzugehen und wieder heimzukehren. Laß dir Zeit, sonst kommst du nie ans Ziel.»

Der Junge, der noch keinen Namen hatte, blickte die Mutter und die Schwester an, die dasaßen und sangen und so taten, als ob sie gar nicht zuhörten. Die Schwester schaute in eine ganz andere Richtung, und die Mutter schaute ihn erst an, als er aufstand, um dem Vater in die Hütte zu folgen. Der Hund wollte hinterhertrotten, legte sich dann aber wieder an die warme Giebelwand.

Der Vater hatte einen kleinen Beutel aus festem Leder für ihn, mit Feuerstein und Baumschwamm, er hatte ein Messer mit einem Knochengriff, auf den die Geschichte des Clans mit Zeichen eingeritzt war, und er hatte eine Angelschnur und einen Haken.

«Mehr brauchst du nicht», sagte der Vater.

«Und reize die Baummarder nicht, von ihnen stammt unser Clan ab, laufe nicht über die Felder der Bauern, bleibe an den Waldrändern und den Ufern der Gewässer. Wirst du von Fremden überrascht, sprich kein Wort. Wenn es sich nicht vermeiden läßt, gebärde dich wie ein Verrückter, lache, singe, sonst locken sie dich zu sich und machen dich zu einem der Ihren, und du bist nicht mehr du selber. Es ist schon passiert, daß Knaben erst als alte Männer zurückkehrten, in gewebte Kleider gehüllt, und sich vor ihrer Sippe entschuldigten, von Brot, Grütze und Milch erzählten. Vor ihnen fliehen in Zorn und Enttäuschung alle Waldtiere, sie sprechen nicht zu ihnen und raten ihnen nicht, was sie tun sollen.»

Die Mutter und die kleine Schwester kamen in die Hütte, das Feuer wurde angefacht, die Mutter zog einem der Hasen das Fell ab, weidete ihn aus, verwahrte Leber und Herz und warf dem Hund die Eingeweide hin. Dann erwärmte sie den flachen Stein, legte das Fleisch darauf, wendete es in weißer Asche und reichte dann dem Sohn Herz und Leber. Das sollte ihm guttun, und sie sahen zu, wie es ihm schmeckte.

«Mmm», sagte die Mutter, «Herz und Leber vom Hasen, das macht einen kleinen Mann munter, er wird wie ein springender Hase im saftigen Gras, er vergißt jeden Kummer, und nichts macht ihn traurig.»

Danach aßen sie gemeinsam den Hasen.

Sie legten sich auf ihre weichen Moosbetten und waren gleich eingeschlafen. Auch der Junge, der noch keinen Namen hatte, schlief. Ganz rasch schlief er ein, und er träumte nichts, bis er als erster am Nachmittag erwachte, an dem er aufbrechen wollte.

3

Der Junge, der noch keinen Namen besaß, hatte sich von seiner kleinen Schwester und vom Hund am Waldrand verabschiedet. Er hatte gesehen, wie die Schwester auf dem Trampelpfad heimwärts ging, wie sie sich umdrehte und winkte und wie der Hund ihm fragend nachschaute; er war ihnen mit den Augen gefolgt, bis sie beinahe die Hütte erreicht hatten, erst dann folgte er dem schmalen Weg in den Wald, der sich bald verlieren wird, der zwischen den Bäumen fast verschwindet, wenn er erst ein Stück gegangen sein wird.

Die dicken Wurzeln der Eichen schlängelten sich über den Waldboden, zwischen den Bäumen wucherte Dornengestrüpp, das im Sommer weiß blühte, und ein paar einzelne hohe Buchen überragten sogar die mächtigen Eichen.

Überall wuchs mageres Gras, kleine Waldsenken waren mit blankem Eis überzogen und umgeben von froststarren Grasbüscheln und Schilfrohren, an denen Libellen hingen und sich an den warmen Tagen ausruhten.

Er ging an dem höchsten Baum, der im Wald stand, vorbei, einem gewaltigen Riesen mit blaugrüner Krone, in der sich ein Adlernest befand, das noch unbewohnt war. Was sollte ein Adler auch mit einem Nest, wenn das Weibchen keine Eier ausbrütete. So saß er nahe beim Stamm auf seinem Ast und schlief mit offenen Augen.

Der Junge bewegte sich zögernd, bei jedem Laut, den er hörte, blieb er stehen, nicht aus Angst, sondern nur, um den Wald kennenzulernen: das Knacken der Zweige, die Schreie des Spechts, wenn er aufflog, das Tschilpen der Spatzen. Die Sonne schien bis zum Abend, das Licht lag in den Baumkronen, aber zwischen den Bäumen hindurch sah er die Felder der Bauern, groß und ausgedehnt und voller Sonne.

Er wollte nicht zu weit gehen, er hatte die Tage vor sich, wollte bloß bis dorthin, wo der Vater und er schon einige Male gewesen waren, wo es aber anfing, fremd und ein bißchen unheimlich zu werden. Vor ihm lag eine lange und bitterkalte Nacht.

Er erreichte den schmalen Wasserlauf, dem folgte er bis zu der Quelle am Fuße der Anhöhe im Wald. Der Grund war sandig, und im Schutze der Böschung standen dunkle Forellen, bewegten sich nur leicht in der Strömung. Er konnte sie mit bloßen Händen fangen, eine nach der andern, es waren drei, und das reichte für sein Abendessen. Forellen waren eben treu. Er kniete neben der Quelle; an vielen Stellen im Wald stieg Wasser auf, plötzlich war es da, direkt aus der Erde. Die Mutter sagte, es sei ein großer Frosch, der all das Wasser gebäre. Die Erde konnte es nicht sein, die Erde war nicht fähig, Wasser zu gebären. Es mußte ein Frosch sein, kein Fisch, denn ein Fisch hielt sich nur im Wasser auf und nie an Land, und an Land mußte man sich aufhalten können, wenn man die Gewässer gebären wollte.

Es war ein Frosch, aber er zeigte sich nicht. Sogar bei einem langen Gewitter konnte er das Wasser der Quelle gebären. Das nannte die Mutter einen Segen.

Als er die Fische mit seinem Feuersteinmesser in dünne Scheiben geschnitten und gegessen hatte, ging er am Bach entlang zurück zum Pfad. Er wollte den Bach überqueren, aber die Ufer waren lehmig, er stieg hinunter und wieder hinauf und mußte schließlich zum Pfad zurückkehren, der sich nun weiterschlängelte hin zu den sonnenbeschienenen Feldern der Bauern.

Er blieb stehen, als er zwischen den Bäumen drei magere Kühe sah, die mit schlenkernden Schwänzen hintereinander herliefen, gefolgt von einer Frau in einem langen, gewebten Kleid und einem um den Kopf gebundenen Tuch. Sie hatte einen Stock in der Hand, mit dem sie ab und zu auf die hinterste Kuh einschlug. Er ging langsam hinterher, aber sie hörte ihn nicht, obwohl unter seinen Füßen ein Zweig zerbrach. Als sie sich dem Waldrand näherten, wurde die Frau von der Sonne geblendet, und sie beschattete mit der freien Hand ihre Augen, um den Weg zwischen den Bäumen zu sehen. Sie trat hinaus auf das sonnige Feld, die Kühe blieben stehen und drehten sich zu ihr um. Da hob sie beide Hände und rief, den Stock hoch in der Luft schwenkend, «hoja, hoja, hoja», so klang es. Da drehten sich die Kühe wieder um und liefen wieder in der alten Reihe, es schien, als würden sie gerne das tun, was die Frau wollte.

Erst als sie aus dem Wald heraustrat, blickte sich die Frau um, und vielleicht sah sie ihn, vielleicht auch bloß seinen Blick, denn er sah den ihren, einen gespannten Blick in einem ängstlichen Gesicht. Sie schaute sich noch mehrmals um, während sie über die Felder auf das Dorf zuging, wo der Rauch wie hohe Bäume über den Dächern stand. Jetzt würden sie vielleicht aus ihren Häusern kommen und miteinander darüber reden, was sie gesehen hatte, und sie würde zum Waldrand deuten, daß es da und da gewesen sei, und ihre Stimmen würden sehr laut werden, bis die Bauern schließlich wieder in den Häusern verschwanden.

So hatten er und der Vater es im vorigen Sommer erlebt.

Der Junge wartete. Er hörte ihre Rufe, «hoja, hoja», während sie die Kühe in die geflochtene Umzäunung trieb, dann hörte er eine Männerstimme, ihre Stimme wurde scharf und schrill, andere Stimmen kamen hinzu. Es wurden viele Stimmen, auch von Frauen, ein kurzes Schweigen, bis sie erneut anfingen. Er verstand nichts von dem, was sie sagten, erkannte aber am Tonfall, daß die Männer keine Lust hatten, jetzt, in der Dämmerung, aufzubrechen, um aufzustöbern, was immer sie gesehen hatte. Sie sagten offenbar, daß die Frau sich getäuscht und gar nichts gesehen habe. Er hörte den Spott in ihren Stimmen und als letztes die keifende Stimme der Frau.

Dann trat Stille ein. Eine Tür ging, Kinder kamen heraus, schrien und johlten, dann Mütter, die sie wieder hereinriefen, ein Lamm, das blökte, ein bellender Hund.

Der Junge kehrte in den Wald zurück. Er sah noch genug im Halbdunkel. Er lief weiter, wollte bald an der Stelle sein, die ein bißchen fremd war. Der Weg führte leicht aufwärts auf einen Hügel. Hier war er vor einigen Wintern mit dem Vater auf ein Wildschwein gestoßen, das sich mit Eicheln vollstopfte. Der Vater hatte zwei oder drei Pfeile abgeschossen, hatte gut getroffen, aber der Eber war zum Angriff übergegangen. Der Junge hatte sich auf einen Baum geflüchtet, und der Vater hatte mit dem Speer zugestoßen und Glück gehabt. Gemeinsam hatten sie das Tier auf langen Ästen nach Hause getragen. Da hatte die Mutter endlich genügend Fleisch bekommen.

Auf der anderen Seite des Hügels fiel das Gelände zu einer Talsenke ab, in der ein Flüßchen floß. Er suchte im Halbdunkel nach einer Stelle, wo er ans andere Ufer gelangen konnte, tastete mit dem Fuß nach der Sandbank, die er kannte und die schräg von einem Ufer zum andern verlief. Jenseits der Sandbank war die Strömung stark und tief. Dieses letzte Stück mußte er überspringen. Er landete auf der anderen Seite im gefrorenen Gras und stieg den bewaldeten Hang hinauf. Es war inzwischen dunkel geworden, und er beschloß, sich einen Schlafplatz zu suchen. Es gab genug Astgabeln, wo er die Nacht über sitzen konnte, aber sie sollten mindestens in Mannshöhe über dem Boden liegen und breit genug sein, damit er sich nicht anklammern mußte und sich gegen den Stamm lehnen konnte.

Er ging von Baum zu Baum, fand schließlich einen, schwang sich hinauf in die Astgabel. Er schaukelte ein wenig und stellte fest, daß es gut war. Wenn er jede Nacht so einen Schlafplatz fand, konnte er zufrieden sein.

Unter ihm raschelten die Mäuse im dürren Laub und knabberten Eicheln. Wenn eine von ihnen piepste, klang es wie daheim. Es kamen immer mehr, offenbar war es eine nahrhafte Stelle. Plötzlich bemerkte er, daß ihn zwei runde, leuchtende Augen vom Nachbarbaum aus beobachteten, eine Waldohreule, die nur auf ihre Zeit wartete. Er hörte, wie sie fast geräuschlos durch die Zweige nach unten glitt und sich eine Maus holte. Kurz darauf flog sie auf ihren Baum zurück und wartete, bis die Mäuse sich wieder auf ihrem Platz eingefunden hatten.

Er schlief nicht, da ihn trotz des wärmenden Fellwamses fröstelte. Schlafen konnte er tagsüber, er döste nur und dachte an Mutter und Vater und die kleine Schwester daheim in der Hütte. Obwohl sie schliefen, würden sie an ihn denken, besonders die kleine Schwester würde viel an ihn denken. Es war ein schönes Gefühl, daß sie an ihn dachten, gute Gedanken dachten, und ihm wurde richtig warm.

Wieder schwebte die Eule zu Boden, stillte ihren Hunger und kehrte auf ihren Baum zurück. Er hörte es im Halbschlaf, er hörte auch, daß sie gegen Mitternacht wegflog und im Wald verschwand. Er sah den gedrungenen Körper mit den kurzen, breiten Flügeln vor sich und hörte das Sausen der Luft, als sie davonflatterte.

Es wurde kalt. Spät in der Nacht, wenn die Sterne hell leuchteten, und gegen Morgen war es am kältesten. Das kannte er von der Hütte. Das Feuer ging fast aus, der Rauch hing unter dem Dach, es qualmte, und jeder wälzte sich zitternd im Bett. Man sehnte sich nach dem Morgen und gleichzeitig nach mehr Schlaf, nach tieferem Schlaf.

Er sah die Äste und Stämme im Dunkeln, ahnte die Bäume des Waldes. Allmählich sah er alles deutlicher, hoch am Himmel wurde es hell, es tagte, und während er ungeduldig darauf wartete, daß das Licht wuchs, war es wie immer mit einem Mal hell. Es war Tag. Er sprang vom Baum und lief auf und ab, um warm zu werden. Die Spatzen zwitscherten in den Baumkronen, und einige Meisen flogen in aufgeregter Flucht durch den Wald.

Er zog los. Es wurde immer hügeliger. Ständig ging es auf und ab, immer wieder mußte er durch Bäche waten, die in steilen Rinnen auf einen See zuschossen, den er weiter unten vermutete. Hier beginne das Land der Seen, hatte ihm der Vater erzählt, und in diesen Seen würden die Fische doppelt so groß wie anderswo, weil die Seen so tief waren.

Von dort hatte der Vater Lachs mitgebracht, große Lachse mit krebsrotem Fleisch, und sie hatten sich damit vollgestopft. Nie waren sie miteinander in diese Richtung gegangen. Im Sommer zogen sie gewöhnlich zum Fjord, um Muscheln zu sammeln und Seehunde zu jagen. Sie durchquerten auf der anderen Seite des Sees den weiten, locker stehenden Wald, wo die Multebeeren im Moos wuchsen, wenn sie im Herbst heimwärts wanderten. Gab es etwas Besseres auf der Welt als Multebeeren: gelbrot und dick. Aber verläßlich waren sie nicht, sie waren treulos. Ein Jahr wuchsen sie reichlich und üppig, im nächsten, wenn er sich besonders danach gesehnt und ständig mit der kleinen Schwester davon gesprochen hatte, während sie dösend in der Sommersonne am Fjord lagen, gab es keine. Selbst eine starke Blüte versprach nichts. Multebeeren waren das Treuloseste, was es gab, aber sie schmeckten am besten. Nüsse waren auch gut. Er bekam Lust auf Nüsse, und er sah sich nach einem Nußstrauch um. Vielleicht würde er unter den dürren Blättern noch welche entdecken.

Selbst die Mäuse fraßen nie alles auf, sogar die Eichhörnchen ließen in ihrem Eifer etwas liegen. Sie standen auf der einen Nuß, während sie die andere fraßen.

Er mußte ein paar Nüsse finden.

Er ging in die Richtung, in der die Felder der Bauern lagen, Haselnußsträucher standen meist in den helleren Teilen des Waldes, er fand einen Strauch mit leuchtendgelben Kätzchen. Bald, wenn die Sonne genug Kraft hatte, wird goldener Staub herausrieseln. Er fand leere Schalen, wurmige Nüsse, aber keine eßbaren. Der Winter hatte verzehrt, was dagewesen war.

Die Sonne ging auf. Die Wärme tat seinem Körper gut. Inzwischen war er weit weg vom Dorf der Bauern, die Felder waren mit kleinen Bäumchen überwuchert, zwischen denen das braune Heidekraut wuchs, das den Bauern überall folgte, wo sie das Land urbar gemacht hatten. Hier sah er plötzlich die blinzelnden Augen eines Auerhahnweibchens aus dem Heidekraut starren. Er blieb stehen und gurrte, es reckte sich aus dem Heidekraut, schaute ihn an, und er balzte, wie er es vom Vater gelernt hatte. Es kam zwischen den Bäumen hervor, legte den Kopf schräg und blinzelte. Er sah, daß es fett war, es müßte herrlich sein, sein Fleisch auf der Zunge zu schmecken. Aber es war nicht die richtige Zeit. Das Weibchen würde bald Eier legen, am Waldrand würde es wimmeln von Auerhahnküken, die bei der geringsten Gefahr zur Mutter liefen, um sich zu verstecken. Wenn es doch bloß das Männchen wäre. Vermutlich war es nicht weit weg.

Aber er hatte kein Glück. Vielleicht hatten die Bauern den Auerhahn in ihren Fallen gefangen und sich damit gemästet. Das Auerhahnweibchen folgte ihm mit kleinen Trippelschritten, streckte den Hals und legte den Kopf schief, offenbar wollte es, daß er mit ihm redete.

Er verstand nicht alle Vogelsprachen, aber den Zaunkönig daheim in der Hütte, den verstand er, wenn er mit ihm sprach. Es war unglaublich, wieviel der Vogel wußte, von dem er selber keine Ahnung hatte.

Er ging wieder tiefer in den Wald hinein, das Gelände fiel leicht ab, und das bedeutete, daß er sich dem großen Seenland näherte, wo gewaltige Eichen die Ufer säumten, in denen Fischadler ihre Nester bauten und wo die Bäche durch tiefe Schluchten herunterbrausten. So hatte es der Vater erzählt. Die Hochflächen oberhalb der Seen aber hatten die Bauern gerodet, und überall in den Wäldern grasten ihre Kühe.

Der Vater hatte erzählt, daß sich dort manchmal viele Leute versammelten; sie kamen von weit her und brachten Waren mit, die sie tauschten.

Natürlich hatte er auf den Wegen, die von Dorf zu Dorf führten, Bauern gehen sehen, aber er war nie selbst dort gegangen, und er hatte nie verstanden, daß Leute weite Strecken laufen, nur um anderen Geschenke zu bringen und mit ihnen zu feiern. Doch als sein Vater und seine Mutter noch Kinder gewesen waren und der Clan verschiedene Wohnplätze an anderen Seen hatte, da hatten sich auch die Menschen aus seinem Volk getroffen. Die Mutter hatte erzählt, daß manche aus Ländern gekommen waren, in denen die Sonne immer scheint, und er hatte nie verstanden, warum sie von dort weggegangen waren.

Er hätte gerne gesehen, wie sich die Bauern versammelten, obwohl der Vater gesagt hatte, er solle sich in acht nehmen. Man könnte ihn fangen und verschleppen, und er müßte sein Leben lang mit dem Geruch von Milch und Jauche leben und vielleicht jeden Tag die Erde aufhacken. Er hatte sich immer, wenn er in der Ferne einen Bauern seine Hacke schwingen sah, vorgestellt, die Erde müsse schreien. Er wollte schon sehr vorsichtig sein.

Als er den Abhang hinunterlief, entdeckte er noch einen Nußstrauch, und er fand eine ganze Handvoll Nüsse. Die Schalen waren zwar dick, aber wenn er sie mit den Zähnen geknackt hatte, lagen da die feinen Kerne, voller Leben und Kraft.

Das blieb nicht die einzige Stelle. Er stieß noch auf mehrere Sträucher, wo er solche dickschaligen, aber guten Nüsse fand. Die länglichen mit den dünnen Schalen waren zwar einfacher zu knacken, aber sie schmeckten nicht so gut.

Sobald er den Talgrund erreicht hatte, wurde es sumpfig, ein Schilfwald zog sich einem Bach entlang, der offenbar zwei Seen verband. Er tastete sich vorsichtig von Baum zu Baum, schob das Schilf zur Seite und sah das tiefe, rasch strömende Wasser. Nirgendwo konnte er einen Wirbel entdecken, unter dem sich vielleicht eine Sandbank befand. Der Bach schlängelte sich dahin, und je mehr Biegungen er machte, um so wahrscheinlicher war es, daß sich eine Sandbank gebildet hatte, über die er das andere Ufer erreichen konnte.

Er mußte einem Sumpfloch ausweichen, der Bach änderte hier seine Richtung und hinterließ diesen toten Arm, er mußte den Hang hinauf, und dauernd hörte er das laute Gelächter des Grünspechts. Es klang, als sollte er verspottet werden.

Er sah die Fische springen, schöne Bachforellen, eine einzige hätte ihm gereicht, aber er kam nicht nahe genug an den Bach heran. Die Forellen standen tief unten auf dem Kieselgrund, mit jedem Flossenschlag bekamen sie neue Nahrung, es mußte wunderbar sein, eine Bachforelle zu sein.

Plötzlich blieb er stehen. Sein Vater hatte davon erzählt, jetzt sah er es selbst:

Das Wasser schoß zwischen Steilhängen in einer engen Schlucht dahin und verschwand in einem gewaltigen Damm aus Ästen und Zweigen. Es konnte nichts anderes sein als das, von dem der Vater erzählt hatte.

4

Der Junge, der keinen Namen hatte, ging nicht näher heran. Er lief zurück, den Abhang hinauf und so weit außen herum als möglich, bis hinunter zu dem zugefrorenen See mit der eisfreien Stelle beim Abfluß. Von hier aus konnte er näher an den Damm herankommen. An den Hängen der Schlucht lagen überall umgestürzte Baumstämme neben abgenagten Stümpfen, und bei einem der schlanken Bäumchen sah er plötzlich den glänzenden, dicken, kraftstrotzenden Körper des Bibers, wie er mit weit geöffnetem Maul stetig und ausdauernd an einem Baum nagte. Er schaute ihm zu, bald stand der Stamm nur noch auf einem dünnen Fuß. Da huschte der Biber davon, und der Baum fiel so, daß das Stammende zum Damm zeigte. Sofort packte der Biber es mit seinen Zähnen, schleppte den Baum langsam weg, zerrte ihn auf den Damm und legte ihn zu den anderen an seinen Platz. Noch an einigen anderen Stellen entdeckte der Junge Biber, die Stämme annagten, und einer kam von der Einmündung des Bachs geschwommen und hielt einen Lachs im Maul. Er schleppte den Fisch auf eine kleine Kiesbank, wo der Eingang zur Biberhöhle war. Und dort begann er den Lachs Biß für Biß vom Rücken aus aufzufressen.

Dem Jungen lief das Wasser im Mund zusammen. Er stieß ein paarmal mit der Ferse auf die Erde, die Biber drehten nicht die Köpfe, aber sie horchten. Erst als der Junge wieder aufstampfte, wandten sich alle ihm zu und starrten ihn neugierig an.

Sein Vater hatte gesagt, die Biber lebten schon länger auf der Erde als sein Urgroßvater, der Baummarder. Klug waren sie, und wo sie sich aufhielten, herrschte Wohlstand. Dick und fett waren sie und stark, und sie konnten Tag und Nacht schlafen. Sie hatten keine Feinde, denn alle fürchteten sie. Der Adler konnte sie nicht holen, weil sie zu schwer waren, und der Wolf fürchtete ihre Zähne.

Als der Junge sich nicht mehr bewegte, wandten sich die Biber wieder ihrer Tätigkeit zu und kümmerten sich nicht weiter um ihn. Wie dick und weich ihr Pelz war, für einen Winteranzug würde man mindestens zwölf Felle brauchen, aber dann müßte man nicht mehr frieren, auch wenn der Winter noch so hart und kalt war. Doch so viele Tiere lebten hier gar nicht. Falls noch welche schliefen, waren es höchstens acht. Vielleicht hatten die Bauern die anderen gefangen, vielleicht waren die da sogar die letzten. Die Bauern nahmen, was sie haben wollten. Nie dachten sie daran, wie es weitergehen sollte. Ja, wenn er irgendwo einen Biberbau finden würde, wo noch niemand gewesen war, dann könnte seine Mutter einen Winteranzug bekommen, so schön wie zur Zeit ihrer Großmutter.

Er stieg wieder hinunter zur Bachmündung. Unter der Uferböschung standen ein paar kleine Forellen, er holte eine heraus und stillte den gröbsten Hunger.

Dann ging er weiter den See entlang und suchte

nach einer Stelle, wo er leichter hinüberkommen konnte.

Es war ein großer See, wenn er auch nicht sehr tief aussah. Überall gab es kleine Inseln, die im Sommer sicher grün waren, auf einigen wuchsen Bäume. Durch das Eis liefen lange Risse, und die Risse klafften wie offene Wunden. Er ging durch den Schilfwald und achtete auf die Luftblasen. Waren sie tief unten, konnte er sich auf das Eis verlassen und unbesorgt sein. Er steuerte eine der kleinen Inseln an, sie lag Richtung Sonne, es war nur ein Grasfleck über dem Eis. Von hier aus spähte er in die Runde, ob irgendwo in Ufernähe zwischen den Bäumen Rauch aufstieg, wo sich vielleicht noch Verwandte aufhielten. Aber er entdeckte nichts, und es roch nicht nach Rauch. Weiter weg, hinter einer Ebene, stieg der Wald an. Dort würde er sicher größere Wasserläufe mit Quellen finden.

Jenseits der kleinen Grasinsel wurde das Eis dünner, eine Strömung zerrieb es von unten, es war dunkel und ohne Blasen. Der Junge tastete sich am Rand der Strömung in Sonnenrichtung vorwärts, und erst als das Wasser wieder tief war und die Strömung sich ausbreiten konnte, wagte er es, von Blase zu Blase hinüberzugehen.

Am Ufer setzte er sich unter einen Baum, ließ sich von der Sonne bescheinen und hörte dem Gesang der Kohlmeisen und der Blaumeisen zu.

Daheim flog jetzt der Zaunkönig hinaus und sang. Es würde nicht mehr lange dauern, bis das Eis schmolz.

Er legte sein Ohr an den Baumstamm und hörte es da drinnen gluckern. Das ist der Lebenssaft, der da steigt, hatte die Mutter gesagt, der Samen regt ihn dazu an. In allen Bäumen würde in den kommenden Tagen der Lebenssaft steigen. Wenn es nicht gluckerte, rauschte es wie ein aufbrausender Wind, aber es war Wasser, Wasser, das sich bis in die äußersten Zweige ausbreitete.

Er stieg die steile Uferböschung hinauf und kam in einen lichten Wald, der sich über eine flache Ebene hinzog. Zwischen den Bäumen lag Hügel neben Hügel. Das waren die Gräber der Bauern aus jener fernen Zeit, als sie seine Vorfahren vertrieben hatten. Da waren die Bauern stark gewesen, sie hatten große Steine zusammengetragen und Kammern gebaut, auf die sie Felsblöcke wälzten, als wäre es nicht für Menschen. Er hatte in eines der offenen Gräber hineingeschaut, Skelette lagen darin, und wo sie nicht von einer verschimmelten Kuhhaut bedeckt waren, schimmerten die leeren Augenhöhlen der Schädel. In den Kammern waren Schwerter und Dolche aus Eisen, aber der Vater hatte gesagt, er sollte sich nichts davon holen, das bringe Unglück.

Es gab auch geschlossene Gräber, riesige Erdhügel, die die Bauern aufgeschüttet hatten, um ihren Vätern und Müttern, ihren Schwestern und Brüdern eine Stätte zu bauen, wo sie leben konnten, wenn sie gestorben waren.

Aber sie besaßen keine Macht mehr, wenn sie gestorben waren. Die Füchse ließen sich in den Steinkammern nieder, das wußte der Vater, sie gruben Höhlen in die Erdhügel, und sie fühlten sich darin wohl. Die Toten in den Hügeln lebten nicht weiter. Die Bauern glaubten an etwas, von dem sie selber sehen konnten, daß es nicht stimmte.

Auf den meisten Grabhügeln standen Bäume und Büsche. Einmal mußte hier bebautes Land gewesen sein, eine Rodung, ein Wohnplatz der Bauern, den sie verlassen hatten, als die Erde nichts mehr hergab.

Wieder öffnete sich der Wald. Durch die Bäume sah er noch einen kleinen, langgestreckten See, der in Richtung Mitternacht zeigte. Am Ausfluß bildeten sich große Wellen, und an den Längsseiten wuchs dicht das Schilf. Hier gab es im Sommer sicher Enten und auf dem Grund des Sees große Muscheln, die besten, die die Mutter finden konnte, viel besser als Austern. Süß, sagte sie, süß wie Honig. Aber nicht um diese Zeit.

Er mußte einem Wasserlauf stromaufwärts bis zur Mündung folgen, ehe er auf einer Schlammbank hinüberwaten konnte. Das letzte Stück sprang er und lief dann auf der Seite des Sonnenunterganges am Seeufer entlang. Es roch nach Rauch, aber er sah keinen Rauch, vermutlich war es weiter weg.

Die Sonne schien warm. Einige Enten flogen über den See, und hoch oben am Himmel zogen große Schwärme von Graugänsen und Schwänen dahin. Sie brachten das gute Wetter mit. Vielleicht würde er gegen Abend einen Zug der Kraniche hören und beobachten, in welche Richtung sie flogen. Dann wüßte er endlich, wohin er sich zu wenden hatte. Ein großes Wassergebiet mußte es sein, flach und sumpfig, nicht weit vom Meer entfernt. In der Mitte gab es eine Insel mit einem Wäldchen, und dort sollten die Kraniche wohnen. Das hatte der Vater oft erzählt. Dieses Mal aber hatte er verschwiegen, was er wußte.

Wieder kam der Junge zu einem See, einem gewaltigen See, der sich in die gleiche Richtung erstreckte wie der andere. Mitten im See lagen zwei kleine Inseln, nur durch einen schmalen Sund vom Land getrennt. Eichenwald bedeckte die Hügel um den See, zwischen den Eichen wuchsen Eiben und Dornenbüsche mit stachligen, wintergrünen Blättern, deren Beeren die Spatzen eifrig verspeisten. Es roch jetzt stärker nach Rauch, und als ein leichter Wind aufkam, stellte er fest, daß der Geruch vom Höhenzug kam. Dort lebten wohl die Bauern. Es würde ihnen an nichts mangeln, die Mädchen brauchten mit ihren Wasserkrügen nur zur Quelle zu gehen, die unterhalb ihres Dorfes entsprang, und hatten ihre Krüge gleich voll. Das hatte der Vater erzählt. Aus so einer Quelle wollte der Junge trinken.

Plötzlich bemerkte er weiter oben am Ufer einen Mann mit einem Aalstecher über der Schulter. Er trug ein Bauernwams, die Füße hatte er in Leder eingeschnürt. Auf dem Kopf saß eine Kappe, und über die Hände waren Fäustlinge gezogen. Er hatte eine Axt bei sich, mit der hackte er ein gewaltiges Loch ins Eis, viel zu groß, wie es dem Jungen schien. Der Mann räumte auch die Eisstücke nicht weg, sondern ließ sie im Wasserloch, wo sie schwappten und klirrten.

Immer und immer wieder stieß er den Aalspeer in das Loch. Der Junge, der keinen Namen hatte, beobachtete ihn kopfschüttelnd und fragte sich, warum er nicht aufhörte, da er ja doch nichts fing. Aber der Mann machte weiter. Es dampfte aus seiner Nase und unter seinen Armen, er schniefte und räusperte sich, als könnte ihn auf dem Eis niemand sehen.

Er hatte einen Spitzbart, und seine Haare waren

hochgebunden. Der Junge schlich sich zwischen den Bäumen näher heran und sah, daß der Umhang des Mannes farbig war, mit grünlichen Fäden durchwebt, und zusammengehalten wurde er an der Schulter mit einer Spange.

Der Mann bemerkte seine Nähe nicht. Er hustete nur und stieß mit dem Speer.

Der Junge begriff, daß der Mann keine Ahnung hatte, wo Aale waren. Sie waren wahrscheinlich irgendwo unten am Grund im Schlamm, und nur wenn zufällig einer so dumm war und vorbeischwamm, würde ihn der Mann treffen. Sonst fing er sicher nichts und stand den ganzen Tag auf dem Eis. Er mußte ganz versessen sein auf Aale.

Der Junge kreuzte den Pfad, den der Mann gekommen war. Am Ufer entlang zog sich ein Grasstreifen bis zu den Bäumen, und hier flossen alle möglichen Rinnsale zwischen den Eichen. Sie waren mit weißem Eis überzogen, und wenn er vorbeiging, trat er darauf, und die Eissplitter schwammen in der schnellen Strömung hinunter zum See. Er schrak zusammen, als er auf einmal den Mann draußen auf dem Eis singen hörte, ganz laut. Seine Mutter sang auch, aber sehr leise. Der Mann sang aus voller Kehle, es schallte zwischen den Ufern, und dabei stieß er unermüdlich seinen Speer in das Eisloch. Glaubte er, die Aale würden aus lauter Verwirrung anbeißen?

Die ganze Welt konnte ihn hören, aber das schien ihn nicht zu stören.

Vom Hügelland oben drückte der Rauch herunter und verfing sich in den Baumwipfeln. Deutlich hörte der Junge das laute Rufen der Bauern und der Kinder.

Es mußten viele sein, eine große Schar und viele Häuser. Vielleicht sollte er die Böschung hinaufklettern und hinüberspähen. Aber das Kläffen der Hunde hielt ihn davon ab. Die Bauern hatten große, kräftige Hunde mit dicken Köpfen und gewaltigen Kiefern, mit denen sie einen kleinen Hasen im Nu verschlangen, und sobald sie fort waren von den Häusern und über die Felder streunten, wurden sie wild und unberechenbar. Sie durchstreiften tagelang die Gegend und verbreiteten bei den anderen Tieren Angst und Schrecken.

Der Junge ging nun dicht am Ufer, dort, wo die kleinen Inseln waren, die Sonne schien warm, und er wurde schläfrig. Er folgte einem Bachlauf und fand einen Baum, kletterte aber nicht hinauf, sondern legte sich unter den Baum. Hier schlief er sofort ein.

Er schlief lange, klein zusammengerollt und das Gesicht in der Armbeuge. Er spürte, wie ihm auf der einen Seite kalt wurde, dafür war ihm auf der andern Seite warm, und sein Gesicht brannte fast.

Es tat gut zu schlafen.

Er erwachte durch das Knacken eines Zweiges. Mäuschenstill blieb er liegen und öffnete die Augen nur einen winzigen Spalt. Er schaute die Böschung hinauf. Da stand, mit dem Krug unter dem Arm, ein Bauernmädchen, blauäugig und rothaarig, die Nase voller Sommersprossen, und betrachtete ihn. Ihre Füße und Beine staken in Fellschuhen, ihr braunes Kleid war mit grünen und roten Fäden durchzogen.

Sie sagte aufgeregt etwas zu ihm. Sie machte eine Kopfbewegung nach oben. Sie fragte ihn etwas. Sie wartete, wollte, daß er antwortete, aber er sagte nichts. Er stützte sich mit den Armen auf.

Sie lächelte ihm zu und fragte wieder etwas.

Aber er durfte nicht antworten. Er klopfte vorsichtig mit den Fingerspitzen gegen den Baumstamm.

Sie zuckte mit den Schultern, lächelte und verschwand mit festen Schritten zwischen den Bäumen. Ein Stück weiter oben blickte sie nochmal zu ihm herunter und lächelte ihm zu. Er sah ihre Gestalt oben auf dem Kamm der Böschung, sah nochmal ihre Füße, dann war sie weg, er sah nur noch Bäume und Himmel.

Er schlug sich gegen die Stirn. Er mußte geträumt haben. Er drehte sich auf den Bauch und redete mit sich, das konnte ihm niemand verbieten.

Er sah sie immer wieder. Was er auch tat, sie erschien und lächelte und redete und machte eine Kopfbewegung zur Hügelkuppe, wo sie wohnte. Das war alles, was sie gesagt hatte, und sie hatte wohl wissen wollen, woher er kam.

War er nun ängstlich gewesen oder sie?

War sie wirklich eine Bauerntochter? War sie nicht eher eines jener Wesen, wie sie einem manchmal unterwegs erscheinen, um vom Weg abzulenken und Unglück zu bringen? Hatte die Mutter nicht oft von ihnen erzählt?

Aber wahrscheinlich war es eben doch bloß eine Bauerntochter, er wurde unruhig, am liebsten wäre er auf und davon.

Er mußte sich jetzt zusammennehmen.

Plötzlich spürte er die Stille um sich. Er hörte das Rauschen der Quellwasser, ein leichter Wind säuselte in den Bäumen, und in den Baumstämmen stieg der

Lebenssaft. Ein Rabe krächzte über dem Wald. Er hatte bereits Junge. Der Mann sang unten am See, aber die Stille war trotzdem da, größer als alles andere.

Der Junge rappelte sich auf und lief die Böschung hinunter. Er paßte nicht auf und fiel der Länge nach hin, landete mit dem Kopf im Morast und mußte über sich lachen. Er wusch sich, kostete das gute Wasser, spuckte es wieder aus, trinken wollte er erst ganz nahe bei der Quelle.

Er drehte sich um und suchte sich oben am Rand des Höhenzugs, wo die Bäume nicht so dicht standen, einen Weg. Es ging auf und ab, eine Schlucht nach der andern, und am Fuße der Hügel plätscherte das Wasser über feinen Sand. Wasser war genug da. Vom Rand des Hügels verliefen Trampelpfade nach unten. Hierher kamen die Bauerntöchter mit ihren Krügen, um Wasser zu holen. Sie hatten verschiedene Stellen. Er kostete, das eine Wasser schmeckte etwas bitter, das andere etwas säuerlich. Er trank aus dem ersten Becken, wo das Wasser so klar war, daß er sich darin spiegelte. Wurden die Blasen aber zu kräftig, zerriß sein Gesicht, seine Augen und sein Mund.

Er wäre gerne geblieben, hörte aber Stimmen und Gelächter. Er wußte sofort, was das bedeutete, das waren die Bauerntöchter, die gemeinsam kamen. Sie standen ein Stück entfernt am Rande des Hügels, sie waren zu dritt, jede mit einem Krug unterm Arm, jede rothaarig und mit Sommersprossen im Gesicht.

Das konnten keine Elfen sein.

Die, die er schon kannte, stand hinter den anderen und deutete den Hang hinunter, hin zu der Stelle, wo er gelegen hatte. Sie sprach schnell und laut, dann lachte sie, und die andern starrten sie verwundert an. Sie benutzte beim Reden ihre freie Hand und fuchtelte damit in der Luft herum. Die anderen nickten nur.

Sie verschwanden im Wald, er hörte sie reden. Als ihre Stimmen beinahe verklungen waren, folgte er ihnen in sicherem Abstand, blieb aber ständig in Hörweite.

5

Er sah, wie sie zwischen den Bäumen zielstrebig auf den Platz zugingen, wo er gelegen hatte, und schließlich fand sie, die ihn entdeckt hatte, genau seinen Schlafplatz, und sie erklärte erneut, wie sie ihn, als sie bei der Quelle war, entdeckt und wie sie ihn angesprochen hatte. Die beiden anderen wirkten eher ernst und zurückhaltend, sie schienen anderer Meinung zu sein. Sie widersprachen ihr und blickten sich scheu um, offenbar war ihnen die Sache nicht ganz geheuer.

Schließlich kehrten sie um und verschwanden über den Hügel im hellen Licht.

Er machte sich auf den Weg.

Sie waren eigentlich sehr verschieden, die drei. Auch die beiden, denen das alles nicht geheuer schien, waren in der Art, wie sie redeten, recht verschieden. Die eine sprach herausfordernd und hatte eine dunkle Stimme, so dunkel, daß man nicht dachte, sie könne rothaarig sein, die zweite redete sehr laut und sagte nur etwas, wenn die anderen schwiegen, so, als wisse sie alles besser.

Die Frauen der Bauern und ihre Söhne hatte er schon früher gesehen, ihre Töchter sah er zum erstenmal.

Er hatte von ihnen gehört, eine seiner Urgroßmütter war eine Bauerntochter gewesen, die von den Bauern am Waldrand ausgesetzt worden war. Und sein Vater hatte ja erzählt, daß Bauerntöchter sich betören und entführen ließen.

Ihm wurde ein bißchen schwarz vor Augen, und er blieb stehen. Er blickte in den Wald, dorthin, wo ein Vogel hastig zwischen den Bäumen aufflog, schaute, ob ihn jemand beobachtete. Ihm war so merkwürdig.

Er scharrte leicht im Laub und strich sich mit der Hand über den Mund. Er mußte weitergehen, fühlte sich aber wie angebunden. Ständig hörte er ihre Stimme, selbst wenn er das Mädchen nie mehr wiedersah, würde sie in ihm reden. Das hielt er nicht aus. Ihm wurde gestohlen, was in ihm war. Es war, als hätte er keinen Körper mehr, keine Hände und keine Füße, die ihn fortbringen konnten.

Er mußte tun, was in seiner Macht stand, um sie aus dem Kopf zu verbannen. Langsam ging er weiter in Richtung Mitternacht, langsam und unaufhaltsam. Ab und zu blieb er stehen und lauschte auf das Brüllen der Tiere und die Stimmen der Bauern aus dem Dorf. Erst als er keinen Laut mehr vernahm, hatte er das Gefühl, wieder bei sich zu sein. Er war in ein verlockendes Gebiet geraten. Diesen Weg wollte er von nun an meiden.

Er verspürte Hunger. Er hatte die großen Seen hinter sich und wanderte nun auf einer Ebene mit niedrigem Laubgehölz und verkrüppelten Eichen. Überall in den flachen Niederungen waren mit milchigem Eis überzogene Weiher, hier gab es sicher Vögel, Brachvögel und Schnepfen, die lautlos wie Licht und Schatten flüchteten. Es war kurz vor Sonnenuntergang. Er stand neben einem Baum und wartete mit einem runden Stein in der Hand, der klein war, aber glatt und schnell. Mäuse huschten im Laub hin und her, eine schwarze Waldschnecke, die erste des Jahres, eine Lieblingsspeise der Dachse, zog ihre schleimige Spur. Da wirbelte auf einmal der Wind das Laub auf. Er merkte, daß ihn aus dem winterbraunen Farnkraut zwei Augen anstarrten. Augen sehen immer zuerst Augen. Er wartete ein bißchen, dann pfiff er ganz leise, als Antwort ertönte ein nervöses, helles Gackern, das Tier trat aus dem Farnkraut, lief auf ihn zu, hielt inne und schaute ihn noch einmal an. Er warf den Stein, der vor seinen Augen aufblitzte, aber der Schatten des Steins erschreckte den Vogel, der zog den Kopf ein, und der Stein sauste vorbei. Halb laufend, halb fliegend flüchtete das Tier, er konnte es nicht einholen.

Es war wieder still. Er mußte weiterziehen, mußte, bevor es dunkel wurde, ein Wasser mit kleinen Forellen finden.

Forellen sind treu. Aale sind treu. Viele Fische sind treu. Vögel sind nicht treu.

Er kam in kleine Täler, aber sie waren trocken und wasserlos.

Der Hunger nagte. Der Junge hatte noch nie von Gegenden gehört, in denen nicht wenigstens ein kleiner Wasserlauf floß. Wasser war überall oder fast überall, dafür hatte der große Frosch gesorgt. Der Junge war schon lange nicht mehr so vom Hunger gequält worden.

Daheim magerten sie ab, wenn das Jagdglück ausblieb, aber Aale und Forellen konnten sie jederzeit fangen, um ihren Hunger zu stillen. Was ihnen fehlte, war

Nahrung, die man kauen konnte, Wurzeln und Pflänzchen, die saftig waren und den Bauch füllten. Die Mutter dachte Winter wie Sommer nur an Nahrung.

Schließlich erspähte er durch die Bäume ein weites, offenes Tal, dort unten am Talgrund würde sich bestimmt ein Fluß zwischen großen Schilfwäldern dahinschlängeln. Der Wind kam aus der Richtung des Sonnenuntergangs, und am Himmelsrand ballten sich riesige Wolken.

Die Luft war feucht und mild.

Während er auf das Flußtal zuwanderte, zogen Schwärme von Graugänsen und Enten über den Wald. Nun würde es nicht mehr lange dauern, bis die Gewässer aufgingen, die Gänse und Enten hielten Ausschau nach den ruhigen Kehrwassern im Fluß und den Wasserlöchern der toten Seitenarme, wo sie sich von ihrer Reise ausruhen konnten.

Für ihn war es wohl am besten, hier einige Tage zu bleiben.

Der Fluß war breit und tief. Der Wind fuhr über die dunklen Stromwirbel und zerrte an dem raschelnden Schilfwald. Hier konnte er nicht einfach über eine Kiesbank hinüberwaten. Selbst wenn er wie ein Hund oder ein Hirsch hätte schwimmen können, wäre er nicht hinübergelangt. Die Strömung hätte ihn mitgerissen und das Wasser ihn in die Tiefe gezogen.

Der Vater hatte diesen Fluß nie erwähnt. Im Sommer, wenn sie zur Fjordküste zogen, vermieden sie es, große Flüsse zu überqueren, sie hielten sich an die Wasserscheiden, wo die Quellen entsprangen und Bäche gebärten, die bald in die eine, bald in die andere Richtung flossen.

Vielleicht hatte der Vater diesen Fluß nie gesehen und nie von ihm gehört. Vielleicht war er der allererste, der den Fluß zu Gesicht bekam. Er würde ihnen von ihm erzählen.

Er dachte an die Bauerntochter. Er sprach mit ihr über den Fluß, der so breit war und eine so reißende Strömung hatte. Aber ob sie ernst bleiben würde, wenn er ihr davon erzählte? Ob sie nicht lachen würde und sich den andern Bauerntöchtern zuwenden und sagen würde: «Hört doch, was er sagt, einen Fluß will er gesehen haben, einen, den vor ihm noch keiner entdeckt hat. Solche Flüsse gibt es überhaupt nicht.»

Aber er durfte ihr ja gar nichts erzählen.

Die Sonne stand rot wie ein Mund unter den Wolken am Himmelsrand.

Bald würde es dunkel werden.

In einer Biegung des Flusses hatte sich eine Kiesbank gebildet. Hier standen die treuen Forellen. Er brauchte bloß stillhalten, die Hand über dem Wasser, dann hineingreifen und sich eine herausholen, Biß für Biß fest und frisch.

Er fing drei kleine Forellen, aß sie auf und hatte noch Hunger.

Am nächsten Tag mußte er endlich wieder einmal satt werden.

Er fand einen Baum mit einer breiten Astgabel, in die er sich setzen konnte, und er saß an den Stamm gelehnt, während es dunkel wurde, und war wach und doch nicht wach. Er lauschte, hörte jeden Schritt, jeden Schrei. Der Geruch nach Rauch stieg ihm in die Nase, aber er sah kein Feuer. Die Enten landeten platschend auf dem schwarzen Wasser des Flusses, sie schnatterten, reckten sich und schlugen mit den Flügeln. Er sah, wie sie auf der andern Seite stromaufwärts schwammen, dunkel im dunklen Wasser. Vielleicht landete eine auf seiner Uferseite, vielleicht konnte er sie mit bloßen Händen fangen, aber jetzt war Nacht, niemand jagte in der Nacht Tiere, und niemand setzte sich in die Dunkelheit und aß. Von seinem Volk hatte das nie einer gemacht.

In der Dunkelheit essen, das war, als wäre man ein Toter. Hätte er ein Feuer, ja, dann könnte er essen. Er sehnte sich nach einem Feuer, an dem er sitzen konnte, in das er starren und an dem er sich wärmen konnte. Er wollte seine Beute morgen am Feuer braten, morgen würde er satt werden.

In der Dunkelheit essen. Er mußte lachen bei dem Gedanken. Er schwieg, setzte sich bequemer in der Astgabel zurecht und döste vor sich hin. Die Enten schnatterten in der Dunkelheit, eine Rohrdommel lärmte irgendwo im Schilf, Eulen schrien, und der Fluß gluckerte leise. Fische sprangen und platschten wieder ins Wasser.

Für einen Augenblick schlief er richtig ein, wurde aber plötzlich hellwach. Die Bauerntochter durfte nicht in seinen Schlaf kommen. Aber sie war gekommen. Wieder hatte sie dagestanden, ihn angeschaut und ihm verschmitzt zugelächelt.

Er dachte an die Tiere, die dort irgendwo in der Dunkelheit jagten. Bestimmt Otter, denn Biber gab es hier nicht. Luchse waren wohl auch hier, doch die würden ihm sicher nichts tun. Aber Wölfe gab es, und gegen die konnte er sich nur verteidigen, indem er auf einen Baum stieg und ihnen in die Augen starrte, bis sie müde wurden. Und vielleicht torkelte auch ein alter Bär, noch benommen vom Winterschlaf, herum. Der konnte gefährlich werden. Er hatte zwar noch keines dieser Tiere je gesehen, aber der Vater und die Mutter hatten sie ihm beschrieben. Er kannte sie, er würde sie von weitem riechen.

Vielleicht traf er auch den Baummarder hier, der ihm gute Ratschläge geben würde. Vielleicht kannte er seine Ururgroßeltern, seine Urgroßeltern und seine Großeltern und wußte, wo sie waren. Oder er kannte Wohnplätze an einem See, wo Menschen seines Volkes lebten, und er könnte hingehen und sie besuchen. Vielleicht lebten viele von ihnen in dieser Gegend, und er würde auf dem Weg zum See der Kraniche auf sie stoßen.

Wenn er Glück hatte, waren es so viele, daß sie noch tanzten. Seine Mutter und seine Schwester tanzten manchmal für ihn, aber dem Vater fehlten die anderen Männer, er wollte nicht alleine tanzen. Er sang nur, ganz für sich, heiser und sehr selten. Wenn er doch einen Wohnplatz finden würde, wo es wimmelte von Menschen, kleinen und großen, jungen und alten, wo er seine Sprache sprechen konnte.

Hatte der Vater nicht gemeint, daß er das dürfe?

Die ersten Tropfen fielen auf sein Gesicht. Er richtete sich auf. Das Rauschen vor dem eigentlichen Regen fuhr durch die Bäume und das Schilf, dann fing es an zu regnen, erst sachte, dann stärker und stärker, dichter und dichter. Um sich zu schützen, hätte er ein fliegender Fisch sein müssen. Er nahm den Lederbeutel sorgsam in die Hände, um das Feuer nicht zu verlieren, das wie ein kleiner Funken im Zündschwamm saß, aber er merkte, daß das Säckchen glatt und dicht war, ebenso wie die Fellkleidung, die er trug, da drang kein Regen durch. Das Wasser lief ihm nur über die Stirn und das Gesicht in den Hals, und innen auf der Haut wurden die Regentropfen warm und kitzelten.

Gegen Regen konnte man nichts machen. Der würde sicher bis zum Morgen dauern, dann würde die Sonne aufgehen und sich für kurze Zeit zeigen, aber dann würde der Regen wiederkommen. So fing jedes Frühjahr an.

Wenn es auf diese Weise regnete, hatte der Vater immer gesagt: Jetzt ist der Winter vorbei.

Und am Abend des nächsten Tages war gewöhnlich das Eis aufgetaut und verschwunden, die ersten Frösche hatten gequakt, es war heller und wärmer geworden, und überall am See brodelte und siedete es. An solchen Abenden waren sie glücklich.

6

Als er aus dem Halbschlaf erwachte, fiel ihm ein, daß er einen großen Fehler begangen hatte. Er hätte sich vor der Bauerntochter wie ein Narr aufführen sollen, er hätte herumhopsen, tanzen und Purzelbäume schlagen sollen, das wäre besser gewesen. Er hätte nicht so schüchtern sein sollen, dann hätte er besser herausfinden können, was sie und die beiden andern beabsichtigten. Jetzt saß er hier auf seinem Baum und war verwirrt, weil sie ihm abermals im Schlaf erschienen war. Er mußte auf dem Heimweg bei der Quelle vorbeiwandern und es nachholen. Dieser Gedanke stimmte ihn froh. Ihm war, als würde seine Reise auf einmal kürzer. Er stellte sich vor, wie er sie überraschte, ohne sie zu erschrecken, wenn sie mit ihrem Krug unterm Arm den Hügel zur Quelle herunterkam. Er würde einen stummen Narren spielen, ihm würde schon etwas einfallen!

Der Vater hatte vielleicht gar nicht gemeint, daß er so viel machen sollte, aber die Mutter würde ihn verstehen, da war er sicher, sie würde begreifen, daß er diese Besessenheit auf schlaue Weise aus seinen Gedanken vertreiben mußte.

Die Sonne ging zögernd auf, die Wolkendecke war hoch über dem Himmelsrand aufgerissen. Alles, wie er es erwartet hatte; der Regen würde im Lauf des Tages zurückkehren.

Unter den Wolken zogen große Schwärme Graugänse dahin. Sie hatten noch einen weiten Weg bis hinauf zu den großen Seen, wo sie alleine waren, ohne Menschen, und wo sie sich über die merkwürdigen Dinge der Welt unterhielten. So hatte es die Mutter erzählt. Dort oben wimmelte es von Würmern und Fischen, und die Gänse wurden fett und rund, und was sie nicht im Wasser fanden, das fanden sie an Land, wo sie das grüne Gras abrupften.

Der Schwarm der Bussarde flog auch hoch oben, die Gänse schrien warnend, und die Keile, in denen sie flogen, rückten zusammen. Ihm fiel es nicht schwer, sich im Geiste hinaufzuschwingen zu den Bussarden und Gänsen und die Welt von oben zu sehen, denn sie beachteten ihn nicht. Sie sahen anders, nahmen weder den Fluß noch das Tal wahr, wenigstens jetzt nicht, vielleicht hätten sie es gegen Abend bemerkt.

Er ging hinunter zum Fluß und lockte die Enten, die am gegenüberliegenden Ufer schwammen, aber als sie ihn gewahrten, quakte eine von ihnen, und sie erhoben sich steil in die Luft, reckten ihre Hälse, zeigten ihre Bäuche und flogen über das Tal, bis sie in einem der Weiher hinter den Büschen verschwunden waren.

Er ging stromaufwärts dem Fluß entlang, aber überall stoben kleine Schwärme auf, sobald er näher kam. Sie waren nicht treu. Da entdeckte er etwas versteckt im Schilf eine Ente mit weißem Schopf, die im seichten Wasser, wo es kleine Schnecken gab, gründelte. Sie war sehr beschäftigt und ermunterte sich mit einem leisen Quaken, sie war vergnügt, er merkte es an ihren Augen, in denen ein blasses Feuer leuchtete. Sie glänzten vor Eifer und sahen ihn nicht. Er entdeckte eine Schlammbank, die sich unter Wasser abzeichnete. Er atmete wie das Schilf. Vor jedem Schritt, den er näher watete, hielt er inne, aber die weißbeschopfte Ente ahnte nichts. Sie gründelte. Sie war vergnügt. Er konnte sich auf sie verlassen. Sie hatte nichts dagegen, daß er sie packte und aus dem Wasser zog.

Er hatte bis jetzt noch keiner Ente den Hals durchgeschnitten, aber er hatte gesehen, wie es der Vater machte. Er wußte, wie er das Tier mit dem Messer aufschlitzen mußte, um an die Eingeweide heranzukommen. Er trennte sie sorgsam und aß die Leber roh. Das würde ihm Kraft geben.

«Jetzt kannst du gleich fliegen», hätte die Mutter gesagt, und der Vater hätte genickt. Sie hatten beide Vorfahren gehabt, die fliegen konnten. Sie flogen im Traum hinauf in die Luft und hinunter zur Erde, und sie wußten viel zu erzählen, wenn sie zurückkamen.

Auch das Herz verspeiste er roh, das würde ihn stärken, aber besonders würde es ihn wachsam und schnell machen. Die Munterkeit saß im Herzen.

Dann sammelte er zwischen den Bäumen dürre Zweige und trockenes Moos, das in langen Büscheln von den Ästen hing. Obwohl es geregnet hatte, war nach dem trockenen Winter nichts mehr feucht. Die Kiefernzweige knackten beim Abbrechen, und es duftete nach Harz, das eingetrocknet in einer fetten Schicht unter der Rinde lag. Wenn man sie ins Feuer legte, gab es merkwürdig gelbe und rote Flammen und einen wunderschönen Schein.

Er bereitete die Feuerstelle vor und zog den Lederbeutel unter dem Brustlatz heraus. Er öffnete den Beutel, holte Zündschwamm und Feuerstein und den kleinen weißen Stein hervor, hielt Schwamm und Stein in einer Hand dicht nebeneinander fest und schlug mit dem Feuerstein auf den kleinen Stein. Es kamen Funken, die auf den Schwamm übersprangen, er blies, und es rührte sich etwas im Schwamm. Er blies, so sachte er konnte, haarfein kräuselte sich der Rauch, und er blies weiter. Er sah, wie sich der Funke drehte, wie er um sich kreiste, größer wurde, ein glühendes Sandkorn, er blies, und es wurde größer. Das Feuer war treu, es hatte nichts gegen ihn.

Er mußte jetzt weiterpusten und gleichzeitig näher an Laub und Moos heranrücken. Er mußte den Funken drehen, damit sein Schwelen und Rauchen mit dem willigen Laub und Moos zusammenkam. Er mußte pusten und blasen und das Moos zurechtdrükken, damit der kleine Feuerkern es packen konnte, so daß Moos und Laub sich entzündeten und zur hellen Flamme wurden. Blauer Rauch stieg aus dem Laub auf, die dünnen Zweige bogen sich, und er sah, wie sie brannten und zerfielen und allmählich vollkommen verschwanden. Das Feuer war unterwegs, es mußte gelingen.

Und auf einmal war sie da, die helle Flamme, durchsichtig und klar, rot und blau. Der Junge schob Laub und Moos heran, er brachte sie mit beiden Händen zu den dürren Kiefernästchen, und es begann zu knistern. Gelbe, vom Harz genährte Feuerzungen leckten nach dem trockenen Holz, es war willig, alles ließ sich anzünden, alles wurde entflammt, und bald brannte sein Feuer. Er hatte es geschafft.

Jetzt konnte er tagelang hier bleiben und sich von Vögeln und Fischen ernähren, ganz wie er Lust hatte.

Es wurde ein lebendiges, heißes Feuer, das rasch niederbrennen und ein Häufchen aus Glut und weißer Asche hinterlassen würde. Er legte dickere Äste auf, aus dem man richtige Holzkohle machen konnte, die nicht nur schwelte, sondern das Fleisch der Ente so erhitzte, daß das Fett heraustropfte.

Er hatte sich einen Ast entrindet, mit dem er, als das Feuer schon etwas niedergebrannt war, die Glut auseinanderkratzen konnte. Er hielt die Ente an dem langen Spieß über die Glut. Das brannte an den Händen, und er sah sich nach Steinen um, auf die er den Spieß legen und ihn drehen konnte, damit das Fleisch von allen Seiten gebraten wurde. Das Fett tropfte in die Glut, und das dunkle Fleisch wurde braun. Es dampfte und zischte. Nicht mehr lange, und die Ente war soweit, und er würde sie langsam, ganz langsam essen. Bis zu Ende auskosten, hatte die Großmutter immer zu seiner Mutter gesagt.

Er ließ den Braten zum Auskühlen ein bißchen im Gras liegen und legte neues Holz auf, das langsam anbrannte. Ganz unten an den Baumstämmen gab es genügend dürre Äste griffbereit zum Abbrechen.

Dann biß er in das gebratene Fleisch, der Mund war voller Entengeschmack, fett und dunkel und vom Feuer gewürzt. Gab es etwas Besseres?

Ob sich seine kleine Schwester und der Vater und die Mutter vorstellen konnten, daß er so mir nichts, dir nichts eine Ente verspeiste? Er sah es vor sich, wie sie bei diesem Gedanken lachten. Ja, sie konnten es sich vorstellen. Sooft sie Lust hatten, an ihn zu denken, konnten sie recht genau wissen, was er trieb. Das war nicht weiter verwunderlich. Er tat schließlich nicht viel anderes als sie daheim. Nur mußten sie sich das eben vorstellen, weil er nicht da war.

Ob sie, die Bauerntochter, es sich vorstellen konnte? Das glaubte er nicht. Sie saß nicht an einem Fluß und aß eine Ente. Sie wußte vielleicht nicht einmal, wie eine gebratene Ente schmeckte. Sie war es nicht gewohnt, draußen ein Feuer anzuzünden. Sie war nur gewohnt, Grütze zu essen und Milch zu trinken. Vielleicht. Seine Gedanken wanderten keck zu ihr und redeten mit ihr, ob er nun wollte oder nicht. Er sah sie ganz deutlich vor sich und sah sich in ihren Augen, er sah ihre Unbefangenheit und noch etwas: ihre Furchtlosigkeit. Sie hatte keine Angst vor ihm. Sie lächelte über ihn, aber sie hatte nichts gegen ihn. Sie war treu.

Dieser Gedanke machte ihn verlegen, er wollte nicht so etwas denken. Er wünschte sich, er könnte seinen Kopf mit Gras füllen und zustopfen, damit er nicht mehr so dachte. Aber die Gedanken ließen sich nicht vertreiben, und er wurde traurig. Wäre er bloß später aufgebrochen, dann hätte sie ihn nie gesehen, und seine Gedanken wären frei und nur mit der Reise beschäftigt.

Der Rauch stieg auf, senkrecht nach oben, trieb höchstens ein bißchen in die Richtung, aus der er gekommen war, in Richtung Mittag. Das war ein Zeichen, aber er wollte nicht, daß es etwas bedeutete.

Der Rauch von seinem Feuer machte ihn aber auf eine andere Rauchsäule aufmerksam, die von einer Hügelkette auf der anderen Seite des Tales aufstieg, und noch eine aus Richtung Sonnenuntergang und noch eine und noch eine. Da lebten überall Bauern. Ihre

Dörfer hatten den ganzen Wald weggenommen, und er mußte sich durch zerstörte Waldstücke schleichen, um nicht entdeckt zu werden. An jeder Stelle, die er sah, teilte sich der Rauch in mehrere Säulen, stieg aus vielen Häusern auf, in denen sie jetzt Grütze kochten und am Feuer saßen, während im hinteren Teil des Hauses die Kühe brüllten.

Aber auf seiner Flußseite war nichts zu sehen, hier gab es nur den großen Wald bis hinunter zu den Dörfern bei den Seen.

Er wollte ein paar Tage beim Feuer bleiben und sich eingewöhnen. Er wollte Enten essen, bis er sie satt hatte, falls die Enten treu waren.

Bald wird es wieder regnen, sagte er sich, und dann ist es gut, ein Feuer zu haben, das den Regen abhält und Trockenheit gibt. Es muß lange regnen, bis die untersten Zweige naß werden.

Er blickte sich um und freute sich über seinen ersten Lagerplatz, den er gefunden hatte.

7

Der Junge, der noch keinen Namen hatte, ging dem Regen entgegen, als er einige Zeit danach flußabwärts wanderte. Wie ein feines Netz zog der Regen vom Fjord herüber und verhüllte das Land auf der anderen Flußseite hinter einem grauen Vorhang. Die Stille wurde weich und offen. Der Gesang der Vögel klang lauter und stärker, und das Rauschen des Flusses wurde auf einmal hörbar. Die Zugvögel kümmerten sich nicht um den Regen. Er sah ihre langgezogenen Keile hinter dem Höhenzug auf der anderen Talseite, dort, wo die Dörfer lagen, immer niedriger und niedriger fliegend verschwinden.

Die Ufer des Flusses wurden steiler, grau und tief, und mit Wirbeln floß das Wasser dahin. Er kletterte das Steilufer hinauf, und von oben sah er, wie sich am Grund des Flusses Sandbänke erhoben, aber immer nur längs zur Strömung. Er sah keine Möglichkeit, hinüberzukommen.

Als die Steilufer zurücktraten und der Fluß hinausfloß ins Tal und lange geradeaus strömte, bemerkte er, daß das ruhig dahinfließende Wasser nirgends durch eine querliegende Sandbank, auf der er sicher hätte hinüberwaten könne, aufgehalten wurde. Vielleicht setzte der Fluß seinen Lauf so fort bis zur großen Wune an der Mündung zum Fjord.

Er ging den Weg zurück, sah nach dem Feuer, das unter einer dicken Schicht Holzkohle und halb verbrannter Knüppel schwelte, und stieg den Uferhang hinauf. Er sah, wie der Regen den Rauch der Häuser auf der anderen Seite niederdrückte, und hörte das Muhen der Kühe und das Blöken der Schafe. Es war Zeit für die kleinen Lämmer, er hatte sie einmal zusammen mit dem Vater vom Waldrand aus beobachtet, wie sie um die Muttertiere herumsprangen.

Mit dem Regen verschwand der Frost aus der Erde. Wo Wasser steht, wird alles weich. Das Eis auf den Weihern wurde von Wasser bedeckt, und er hatte keine Ahnung, wie er, falls er noch eine Furt finden sollte, den grundlosen Matsch überqueren und die andere Seite des Tales erreichen konnte.

Der Fluß wand sich hinaus ins Tal, eingezwängt zwischen steilen Ufern. Er konnte sich offenbar durch Felsen fressen, den sanften Hügeln aber mußte er weichen. Die Uferhänge bestanden da, wo sie sichtbar waren, aus einer Schicht von scharfkörnigem Kies. Das war immerhin eine Veränderung.

Zwischen den Stämmen entdeckte er etwas, das aussah wie eine lange Narbe im Waldboden, sie ähnelte dem breiten Weg, den er weiter unten in Richtung Mittag gesehen hatte. Dieser Weg mußte vom Seeufer kommen, von dem großen Dorf am See.

Als er näher kam, sah er überall Spuren von Pferden, die hier gelaufen waren. An den in den Weg ragenden Zweigen hingen Haare und Wollbüschel und glänzende Regentropfen.

Er ging neben dem Weg her und schaute sich alles an. Es roch nach Pferdeurin und Mist, und er fand alte, zusammengefallene Haufen von Pferdeäpfeln. Der Weg verlief in weitem Bogen den Abhang hinunter und wurde dann wie ein Hindernis vom Fluß überflutet.

Durch die Stämme sah er einen hohen, entrindeten Pfahl, rot und gelb bemalt und direkt am Fluß eingerammt. Als er näher kam, entdeckte er einen ähnlichen Pfahl auf der gegenüberliegenden Flußseite. Der obere Teil bestand aus einem geschnitzten Gesicht, mit zweigeteiltem Bart und riesigen Augen, die ihn anglotzten, und einem Mund, der ihn möglicherweise verschlingen konnte. Das war sicher einer der Götter, die sich die Bauern ausgedacht hatten.

Er wich etwas zur Seite, hielt Abstand.

Unter dem Pfahl lagen Tonscherben, Eisenstücke und ein zerbrochenes Schwert. Als er genau hinschaute, fielen ihm unter den Opfergaben glänzende, durchsichtige Scherben auf, wie er sie noch nie gesehen hatte. Sie blinkten naß, und sie hatten die Farbe wie der Fjord im Sommer, und dazwischen erspähte er Getreidekörner und Knochen von Kühen oder Schafen.

Im Fluß waren Steine aufgereiht, über die das Wasser gurgelte und rauschte, sie setzten sich ins Flußbett hinein fort. Hier wollte er einmal versuchen, wie tief das Wasser war und wie weit er kommen konnte. Denn offenbar benutzten die Bauern diese Stelle als Furt, zumindest für ihre Pferde.

Er spuckte dreimal auf das geschnitzte Standbild und stieg dann in den Fluß. Das Wasser war kalt und reichte ihm bis zu den Knien. Er machte den ersten Schritt und fühlte unter den Füßen glatte, runde Steine.

Das Wasser stieg ihm bis über die Knie. Er tastete sich weiter, immer noch spürte er die Steine, große am Rand und kleinere in der Mitte. Sicher hatten die Bauern die Steine hingelegt, sie nahmen die Dinge nie, wie sie waren, sie machten sich viel Arbeit, um es bequem zu haben.

In der Flußmitte reichte ihm das Wasser bis zum Bauch, und er fror. Manchmal waren Löcher zwischen den Steinen, und er sank ein, aber gleich daneben fand er wieder Halt. Gleich darauf ging es aufwärts, es waren im ganzen nur zehn große Schritte, und er war nur bis zum Bauch im Wasser gewesen.

Er betrachtete den zweiten Pfahl aus gebührendem Abstand und spuckte ihn dreimal an. Hier lagen kleine, runde, farbige Gegenstände, bunt wie Blumen, dazu Tonscherben und Knochen und der Griff eines zerbrochenen Schwertes. Die Bauern strengten sich wirklich an, einigermaßen trockenen Fußes über den Fluß zu kommen, um ihren Flußgott auf beiden Seiten verehren zu können. Er begnügte sich mit Spucke, stärkere Mittel gab es wohl nicht gegen fremde Götter.

Der Wald lichtete sich. Der Junge lief neben dem Weg, blieb in Sichtweite. Auf dem Weg konnte er nicht gehen, dazu war der zu breit und zu fremd. Man konnte weit sehen und von weitem gesehen werden. Auf der anderen Seite des Talgrundes standen die Bäume nur noch vereinzelt zwischen verwelktem Laub und Gras, und dann kam ein Waldstreifen, wo man den Bäumen die Äste abgeschlagen hatte. Die Stämme ragten kahl und knorrig in die Luft, mißhandelt von den Bauern, die sich hier frische Zweige für ihr Vieh geholt hatten.

Also hielten sie sich auch hier auf, nicht nur oben bei

den Bächen, wo er den Rauch aus ihren Häusern hatte aufsteigen sehen.

Nicht weit davon erblickte er einen Bauern auf einem Acker. In seinem kurzen Wams stapfte er hinter seinen Ochsen her, die gemächlich einen Pflug zogen und die leicht gefrorene Erde wendeten. Jenseits des Ackers sah er einige kleine Kinder, die mit einer Katze im Gras herumtollten. Der Bauer rief ihnen manchmal ein warnendes Wort zu, ansonsten trieb er seine Tiere an und starrte nach vorne, bis er sein Gespann am Rand des Feldes wendete und in entgegengesetzter Richtung ging.

Immer hatten sein Vater und er sich gewundert, wenn sie am Waldrand gestanden und die Bauern beim Pflügen beobachtet hatten. Was dachte wohl die Erde über sie? Kitzelten sie die Erde, damit sie lustig wurde? Später kratzten sie über die Erde, und wieder etwas später warfen sie Korn von ihrem Säbrett, und dabei sangen sie laut, als wollten sie die Erde beschwören. Und das Korn wuchs, Halm neben Halm, es wurde groß und wogte im Wind.

Er hatte das zusammen mit seinem Vater so oft gesehen, und sie hatten eine Ähre genommen und die Körner aufgespalten, um sie zu kauen. Aber das hatte nie so gut geschmeckt wie die Samen, die die Mutter von den Wildgräsern sammelte. Das, wovon es nur wenig gibt, ist das beste.

Die Bauern schnitten die Ähren mit breiten Messern, banden sie in Bündel und schichteten sie auf. Dabei ging es immer fröhlich zu und um so fröhlicher, je mehr das Feld abgeerntet war. Die Bauern wurden ausgelassen und tranken aus ihren Bierkannen, und in der

Mittagsstunde schliefen sie mit offenem Mund, die Nase in die Luft gereckt.

Der Weg führte in ein Tal, in dem ein großer Bach strömte. Überall sah man Spuren von Tieren und Menschen. Dem Bach flossen kleinere Bäche zu, es plätscherte und rieselte überall. Vom Dorf her hörte er Stimmen und Rufe, und auf einem der Wege sah er einen großen Mann mit Wams und Mütze mit einer Last auf dem Rücken herunterlaufen, zielbewußt und furchtlos.

Die Hunde kläfften, und die Kühe brüllten vor den Häusern, wo sie in großen Gehegen gehalten wurden und sich an den geflochtenen Zäunen rieben. Wenn sie auf die Weide getrieben wurden, stürmten die Tiere hinaus, verfolgt von Kindern und Erwachsenen, von Männern und Frauen. So waren die Tiere einmal bis zu ihrer Hütte am See gekommen, dort hatten Vater und Mutter das Vieh aufgehalten, indem sie es ansahen und mit ihm redeten. Die Bauern hatten nichts gesagt, sie hatten ihnen nicht einmal zugenickt. Ein paar waren um ihre Herde herumgegangen und hatten die Tiere einfach zurückgetrieben. Dann waren alle durch den Wald und über die Felder verschwunden.

Ein Kind war dabeigewesen, ein Mädchen an der Hand ihrer Mutter, das hatte auf sie gedeutet, und sie hatten dem Kind zugewunken, aber die Mutter hatte es sofort hochgehoben und ihnen den Rücken zugekehrt.

Es war, als wären sie für die Bauern nicht da.

Er wollte nicht weitergehen.

Auf dem Rückweg sah er wieder den Bauern, der pflügte. Er mußte ihn gesehen haben, er spürte seine

Augen und hörte, wie der Bauer nach den Kindern rief, die sich Mützen über den Kopf zogen. Sie sahen recht verfroren und elend aus mit ihrer Katze.

Es regnete nach wie vor, aber es war ein dünner, feiner Regen. Er würde noch vor Sonnenuntergang aufhören. Gleichmäßig zogen große Schwärme von Graugänsen und Enten durch die Luft. Am Flußufer hielten sich sicher wieder Enten auf, aber der Junge hatte keinen Hunger. Der Entenbraten sättigte und wärmte ihn noch.

An der Furt lag jetzt ein Brot, rund und mit brauner Kruste, mit einem Daumenabdruck gekennzeichnet. Solche Brote legten die Bauern auch an den Waldrand, wenn sie Aalhäute oder Hirschgeweihe für ihre Werkzeuge brauchten.

Der Mann mit seiner Last schleppte wahrscheinlich Schafwolle und wollte zu dem Dorf am See. Er beeilte sich, wohl, um vor der Dunkelheit sein Ziel zu erreichen. Vielleicht befand er sich auf dem Rückweg und hatte die Wolle eingetauscht, für einen Klumpen Eisen oder eine Perle.

Seine Mutter hatte oft davon gesprochen, wie gerne sie Perlen gehabt hätte, solche, wie die Frauen der Bauern sie trugen, aber der Vater wollte nichts davon hören. Sie sollte ihren alten Bernsteinschmuck tragen, der von der Großmutter stammte. Sie sollte sich mit dem kleinen Lederbeutel begnügen, mit dem Schweifende eines Baummarders, einem Bärenzahn und einem der Steine, die den Blitz in sich tragen.

Dicht am Fluß wuchsen Weiden mit dicken, gelben Kätzchen. Er zog sie herunter und leckte den gelben Blütenstaub. Er kniff die Augen zu und schmeckte genüßlich den Honig. Er hörte eine Biene summen, eine ganz ungeduldige, die sogar bei Regen ausflog.

Er watete durch den Fluß, mit zehn langen Schritten war er drüben. Im Sommer war das Wasser sicher nicht so tief. Wahrscheinlich kam man trockenen Fußes hinüber. Wenn er auf dem Rückweg wieder hier vorbeikäme, würde er die Steine sehen, die den Übergang so leichtmachten, daß Frauen und sogar Kinder hinübergehen konnten.

Er stellte sich vor, wie sie darüber staunten, was die Männer gebaut hatten, jahrelang hatten sie darüber gesprochen, bis sie es ausführten, er hatte sie gesehen, wie sie an den Sommerabenden auf den Türschwellen vor ihren Häusern saßen.

Er dachte an die Biber. Die Bauern waren wie Biber. Sie bauten Dämme über die Flüsse. Die Bauern waren auch wie Ameisen. Sie gingen alle die gleichen Wege und wohnten eng beisammen wie in einem Ameisenhaufen. Seine Leute hinterließen so gut wie keine Spuren. Wenn sie verschwanden, verschwanden sie.

Er kam zurück zu seiner Feuerstelle und drehte die obersten Holzstücke um. Darunter lag zwischen den verkohlten Ästen die Glut. Er spürte die Wärme im Gesicht und blies ein bißchen. Das Feuer flammte auf, es war treu. Er ordnete die größeren Scheiter neu, und bald brannte sein Feuer. Zwischendurch sammelte er mehr Brennmaterial und bereitete alles vor, um, wenn er müde wurde, neben dem Feuer schlafen zu können.

Der Regen hatte aufgehört. Die Sonne ging in einem klaren Himmelsstreifen unter. Im Fluß schnatterten wieder die Enten, und von den Weihern herüber hörte er das Platschen, wenn die Enten ein letztes Mal vor Einbruch der Nacht aufflogen oder landeten.

Der Bauer hatte sicher angenommen, der Frühling käme bald, und er hatte deshalb gepflügt. Die Weide hatte sicher auch gemeint, daß es Frühling werde, und die Kätzchen herausgehängt. Die Enten meinten es und die Gänse, und der Mann mit seinem Bündel Schafwolle hatte es vielleicht auch gemeint. Sein Vater meinte es auch, denn er hatte ihn losgeschickt.

Die Nacht kam. Er setzte sich ans Feuer, schob die Scheiter zusammen, damit sie niederbrannten und in der Mitte ein Gluthaufen übrigblieb. Kleine Tiere tauchten aus der Dunkelheit auf und starrten ihn und das Feuer an und liefen wieder weg.

Er sah den Lichtschein von den Dörfern auf den Hügeln, wenn die Bauern die Türen ihrer Häuser öffneten, und auch sie sahen vermutlich sein Feuer und wunderten sich. Aber über den Fluß würde keiner gehen. Keine aufgescheuchte Männerschar würde deswegen durch das Wasser waten. Das machten sie nicht. Soviel war ihm klar. Er befand sich in Sicherheit.

Hier wenigstens, wenn auch nicht überall. Bauern töteten seinesgleichen, wenn sie ihnen im Weg standen, das hatte der Vater erzählt. Und dabei sahen sie so harmlos aus.

Er schlummerte ein und rollte sich am Feuer zusammen. Mit einer Hand und schon im Halbschlaf schob er die Scheiter zusammen.

8

Er blieb viele Tage an dem Fluß, und es fehlte ihm nie an Nahrung. Die Triebe der wilden Zwiebeln brachen zwischen dem trockenen Wintergras hervor, er sammelte sie, bis er eine Handvoll hatte, dann biß er hinein, und im Mund breitete sich der frische Geschmack aus. Am Rande der feuchten Niederungen streckte die Eberwurz frierend ihre Blätter heraus. Er grub mit der Hand hinunter zu den dicken, frischen Wurzeln, die besten Wurzeln, die es gab. Der Huflattich sproß überall hervor, und er aß seine bitteren Blätter und saugte den feinen Honig.

Er mußte sich hinlegen und rülpsen und das in seinem Magen rumorende Durcheinander verdauen. Während er mit geschlossenen Augen dalag, krabbelten ihm Ameisen und kleine Rüsselkäfer über Hände und Füße, und das kitzelte so komisch, daß er laut lachte.

Es war Vogelzeit. Ständig ertönten ihre Stimmen: Hier bin ich, hier sind wir, wo bist du, komm hierher.

Eines Nachts träumte ihm vom Zug der Kraniche, die schreiend über das Tal flogen und in einem der seichten Weiher nicht weit von seinem Lagerplatz landeten. Er hörte im Traum ihren Schrei und ging hinunter zum Fluß, konnte aber nicht hinüberkommen. Er rannte zur Furt, watete hinüber und pirschte sich nahe an die Kraniche heran, die mit ihren Schnäbeln auf dem Grund des Weihers herumsuchten. Deutlich leuchteten ihre roten Schöpfe. Er rief in der Kranichsprache nach ihnen, und sie fragten, was er ihnen zu erzählen habe. Er trat zu dem Vogel, dessen rote Federkrone am prächtigsten war, um ihm die Federn wegzunehmen wie ein Gras oder ein Blatt, ohne daß der Kranich es merkte. Erst jetzt zog er sich mit den Federn in der Hand behutsam zurück. Da hob der nächststehende Kranich den Kopf und schaute ihn an, und in seinem Blick sah er das gleiche neckische Glitzern wie in den Augen der Bauerntochter.

«Magst du mir nicht deine Federn schenken?» fragte er bittend den Kranich. Und der Kranich antwortete: «Meine Federn gehören mir, die bekommst du nie.»

Er streckte seine Hand nach den Federn aus. Da stieß der Kranich einen Schrei aus, richtete sich auf und schlug mit den Flügeln. Der Vogel warf den Kopf zurück und hob ab, gefolgt von den anderen, und flog aus dem Tal hinaus und über die Hügel.

Als der Junge aufwachte, saß er lange da, entmutigt durch den Traum. Ohne Kranichfedern würde er nie nach Hause zurückkehren können.

Aber am schlimmsten war, daß er immer noch an die Bauerntochter denken mußte. Oft, wenn er mit sich selbst redete, sprach er auch mit ihr, und wenn er über einen Gedanken lachen mußte, war ihm, als lachte sie auch irgendwo in der Nähe.

Eigentlich gefiel ihm das, aber er dachte an seinen

Clan, an Vater, Mutter und Schwester und an den Baummarder, von dem sie alle abstammten.

In dem Augenblick kam ein Kranichschwarm in einem langen Keil draußen vom Fjord herein. Sie flogen direkt auf seinen Platz zu. Er blickte ihnen in die Augen, sie umkreisten ihn, und weißgrauer Vogelkot fiel herunter, traf ihn aber nicht. Er bekam nur einen Spritzer im Gesicht ab. Vielleicht reichte das. Vielleicht wollten sie etwas von ihm. Jetzt wußten sie wenigstens, wie er aussah, so, wie sie ihn angeschaut hatten. Auch sie flatterten das Tal hinaus und verschwanden hinter den Hügeln, zogen zu dem weiten See mit den Waldinseln in der Nähe des Meeres, den der Vater einmal erwähnt hatte.

Flogen auch die Kraniche aus dem Traum dorthin?

An die Stelle der Mutlosigkeit trat Ergebenheit. Er ging wie in Kranich, er stieg auf einem Bein in die Luft wie ein Kranich. Er schiß wie ein Kranich, und er netzte die Erde und die Kräuter mit einem zischenden Strahl.

Die Kraniche wußten jetzt von seinem Anliegen. Ja, sie warteten vielleicht auf ihn. Wenn er richtig mit ihnen redete, würden sie ihm vielleicht ihre Scheitelfedern schenken.

«Da ist er ja, der kleine, tüchtige Baummarder», würden sie sagen, «ein paar Federn mehr oder weniger, was bedeutet das schon für uns.»

Und sie würden ihre Köpfe neigen, damit er sich nehmen konnte, was er wollte. Dankbar würde er die Federn auszupfen und die Güte der Kraniche preisen. Die mächtige Kraft des Fluges würde eingenäht werden in den Lederbeutel seiner Mutter.

«Verstehst du», sagte er zur Bauerntochter, und sie verstand. Und ihm schien nun alles ganz einfach. Vielleicht brauchte er auf sie als Gefährtin nicht zu verzichten, er konnte gut mit ihr reden und ihr vielleicht schöne Worte sagen, die sie zaghaft verstand und noch zaghafter beantwortete. Vielleicht würde sie tagelang schweigen, bevor sie mit ihm redete.

Er löschte sein Feuer und ging zur Furt. Der Fluß war noch gestiegen, und das Wasser reichte ihm beim Hinüberwaten bis zum Bauch. Unter dem Götterstandbild auf der anderen Seite lagen Eier, frisch geopfert. Warum kam er ohne eine Gabe vorbei? Herrschten die Bauerngötter nur über Bauern?

Das Wasser zerrte an ihm, wollte ihn hochheben und aus dem Gleichgewicht bringen, das hatte er gemerkt, das Wasser verschlang, wen es umwerfen konnte, füllte dessen Mund und ließ ihn wie einen Stein sinken, ließ ihn treiben, bis er im Schilf verschwand, unbekannt und vom Clan betrauert. Niemand durfte die Strudel oder den weichen Schlamm unterschätzen. Vorsichtig mußte man sein, so war es zu allen Zeiten für Menschen, Tiere und Vögel gewesen.

Schwere Regenwolken trieben über den hohen Himmel, es war ein kühler Frühlingstag im Schatten der Wolken mit plötzlicher, angenehmer Wärme, sobald die Sonne sich Platz machte. Er umkreiste die Felder und das Dorf der Bauern, hielt sich immer im Schutz des Unterholzes auf, damit ihn niemand sehen oder wittern konnte und die Hunde ihn nicht verfolgten.

Die Felder lagen öde und grau da mit ihren niedrigen Furchen, in denen ab und zu Queckengras aufkeimte. Hinter den Feldern erblickte er die Lehmhütten des Dorfes, wo Männer, Frauen und Kinder unaufhörlich Türen auf und zu schlugen, aus und ein gingen und sich gegenseitig zuriefen. Am Eingang lag einer ihrer scharfen Hunde, und auf den freien Plätzen zwischen den Hütten standen Frauen mit Kindern auf dem Arm und Männer. Sie redeten und hörten nichts von dem, was am Waldrand geschah. Sie lebten in ihrem eigenen Lärm. Es mußten schon Wölfe oder Bären kommen, um ihre Aufmerksamkeit zu wecken.

Lange stand er da und beobachtete sie. Mädchen kamen von ihrer Quelle, die etwas unterhalb des Hügels in einer Schlucht liegen mußte, sie hatten Wasserkrüge auf den Schultern, gingen durch die Tür hinein und kamen ohne Krüge wieder heraus, um zu spielen. Frauen traten vor die Tür und klopften sich an ihren Schürzen das Mehl von den Händen. Eine alte Frau stand an der Hauswand und spann einen Faden, seine Mutter hatte ihm davon erzählt.

Er hielt sich fast den ganzen Tag am Waldrand auf und schaute. Er stopfte sich voll mit Keimlingen und Zwiebeln und beobachtete dabei das Dorfgeschehen. Um die Mittagszeit wurde es still. Alle gingen hinein und schlossen die Türen hinter sich. Die Hunde gähnten und suchten sich einen neuen Platz in der Sonne oder hoben verschlafen den Kopf, wenn jemand die Tür aufstieß und sein Wasser in hohem Strahl über den Hof spritzte. Das schien eine Art Schlafenszeit zu sein. Der Junge schlief auch ein bißchen unter dem Vogelbeerbaum, er hörte den gellenden Schrei des Schwarzspechtes im Wald. Mal war er hier, mal war er dort.

Die Sonne war immer noch da, stand aber schon tiefer, als die Bauern wieder erschienen, sich die Hosen zuknöpften und die Hemden hineinstopften, die Haare nach hinten strichen und sich den Bart glattstrichen. Sie warfen einen Blick zum Himmel, blinzelten gegen die Sonne und deuteten bald hierhin, bald dorthin. Sie redeten mit lauten Stimmen und wurden sich nicht einig. Die meisten Männer schüttelten den Kopf, der Junge hatte das noch nie gesehen, sie nickten nur selten. Sie wußten nicht, was sie tun sollten.

Der Junge sah seinen Vater vor sich, wie er langsam und bedächtig am See entlangging oder aus dem Wald kam. Sein Vater brauchte keinen zu fragen, er wußte alles von seinem Vater und dessen Vater, sie hatten es ihm erzählt und beigebracht. Der Junge sehnte sich nach Hause. Aber keinem blieb es erspart, für eine Zeit ganz auf sich gestellt zu sein. Erst dann durfte man zurückkehren, mit eigener Stimme und eigenem Namen.

Im Weitergehen bemerkte er, wie Wald und Unterholz immer lichter wurden und Kahlschlag, Siedlungen und Ackerland zunahmen. Die Bauern breiteten sich aus, kannten keine Grenze mehr. Hätten sie sich vorgesehen, sie hätten ihn längst entdeckt und Jagd auf ihn gemacht.

Er beobachtete sie oft, immer aus sicherem Abstand, hinter Bäumen und im Unterholz versteckt, schaute er zu, was sie im Wald machten. Einmal hatte er sie einen ganzen Tag beobachtet, wie sie mit langstieligen Äxten einen Baum fällten. Sie waren zu zweit, jeder auf einer Seite des Baumes, und hieben auf den Baum ein, der eine von unten, der andere von oben. Sie hatten auch einen Bogen bei sich, den sie zusammen mit dem Köcher an einen anderen Baum gelehnt hatten.

Mühsam arbeiteten sie sich tiefer und tiefer in den Stamm, und der Mund, in den sie hackten, triefte von Saft. Sie ächzten und schnauften und schliffen die Schneiden ihrer Äxte mit einem langen, grauen Wetzstein. Ab und zu warfen sie einen Blick zur Baumkrone, deuteten hinauf und besprachen, wie der Baum fallen würde. Der Junge hatte nur einen einzigen Baum fallen sehen, während eines Sturms. Der Stamm lag immer noch da, und die Zweige ragten nach allen Seiten, einige bekamen sogar Knospen und schlugen im Frühjahr aus. Das Leben war nicht ganz aus ihnen gewichen.

Plötzlich hatten die beiden Männer die Fällarbeit unterbrochen und sich aufmerksam umgeschaut. Er überlegte schon, ob sie ihn gehört oder bemerkt haben könnten, da nahm der eine den Bogen und schoß einen Pfeil auf ein Eichhörnchen ab, das in den Ästen einer Eiche herumsprang. Er traf nicht. Beide schüttelten den Kopf. Das Eichhörnchen war weg, um diese Zeit hatten sie ein schlechtes Fell.

Später hatte der zweite den Bogen genommen und auf eine Waldtaube gezielt, aber auch nicht getroffen. Wieder ein Kopfschütteln. Ihm schien, als würden sie sich gegenseitig verzeihen. Aber wie konnte man auch mit einem Bogen schießen, den man gemeinsam benutzte. Ein Bogen ist wie eine Sehne in einem Finger, man muß ihn durch und durch kennen.

Als die Sonne bereits tief stand, betrachteten sie den Baum von oben nach unten, dann stemmten sie sich mit den Schultern dagegen, und es knackte. Sie schauten wieder hinauf, stemmten wieder, und er neigte sich etwas, dann fiel er, und die beiden sprangen zur Seite.

Es krachte und toste, der Stamm knallte zu Boden, die morschen Äste zerbrachen. Da lag er und sah traurig und wehrlos aus.

Die Männer setzten sich auf den Baum und aßen, was sie mitgebracht hatten. Sie zeigten nach oben zu dem freien Stück Himmel, das jetzt im Wald entstanden war, und sie fuchtelten mit den Händen und lachten hämisch und spottend. Vielleicht mochten sie nur offene Felder, und die Bäume waren ihnen im Weg.

Dann hatten sie sich erhoben und waren gegangen, der eine mit dem Bogen über der Schulter, hinaus aus dem Wald zu einem Pfad über die Felder.

Die Waldtaube wollte ihm nicht aus dem Kopf, sie mußte auf irgendeinem Zweig sitzen. Er suchte sich einen Stein und traf die Taube beim ersten Wurf. Er verspeiste sie sofort, zuerst die Eingeweide, dann in kleinen Bissen das Fleisch. Das war ein neuer Geschmack, den hatten die beiden verpaßt. Kein schlechter Geschmack.

Aber was sagte seine Gefährtin dazu? Gehörte sie nicht auch zu diesen Leuten, die nichts treffen?

Was sagte wohl der alte Baummarder über ihn, wenn er sich so blenden ließ? Konnten die Wesen des Waldes, der Seen und der Flüsse jemals mit den Bauern zurechtkommen? Er mußte vergessen, daß sie ihn verzaubert hatte.

9

Das Frühjahr gab deutlicher seine Zeichen. Es gurrte und sang in den Baumkronen und Nestern, es pfiff und schmetterte. Aber dem Jungen, der noch keinen Namen hatte, war nicht so unbeschwert und fröhlich zumute.

Er hatte schon ein weites Stück zurückgelegt auf seinem Weg zum See der Kraniche. Er hatte viele Bäche und Flüsse durchquert. Das Wasser war gesunken, die Strömung hatte Sandbänke geschaffen, auf denen man hinübergehen konnte.

Die Bauern hatten ihre Felder bestellt. Keim neben Keim wuchs aus der Erde, und es waren Halme geworden, einige mit Ähren. Im Wald traf er überall auf rothaarige Frauen, die Kühe hüteten und dabei auf ihrer Spindel Wollfäden spannen. Aber keine von ihnen hatte ihn gesehen oder beachtet. Höchstens ein Blick in seine Richtung, ein hastiges Erschrecken, dann wieder zurück zum Spinnen und dem Hüten der Kühe, die in den Lichtungen Gras, Farne und Zweige mit frischem Laub kauten.

Die Nächte waren mild geworden, nur der Wind blies und vertrieb die welken Blätter und kämmte die Kronen der Bäume. Nachts setzte der Junge sich in eine Astgabel und döste unter dem Sternenhimmel. Jetzt brüteten die Kraniche in ihren breiten Nestern, jetzt flog das Männchen auf und fütterte das Weibchen mit zappelnden Fröschen. Noch war nicht Zeit. Der Sommer mußte seinen Scheitelpunkt hinter sich haben, die Sonne noch höher hinaufsteigen, bevor er die Kraniche aufsuchen durfte, die ihn erwarteten, die von ihm sprachen und sagten: nein und ja und nie.

Die Kraniche waren nicht treu. Sie schenkten den Menschen nur ungern eine Feder. Sie waren schwermütig.

«So schön in ihrer Schwermut», hatte die Mutter gesagt, als sie eines Tages vorüberflogen. Und alle hatten sie gelacht.

«Aber Entenhintern sind fröhlich», hatte die Mutter dann gesagt, und sie hatten darüber nachgedacht und wieder gelacht.

«Das weiß jede Ente genau», sagte die Mutter.

Die Mutter durfte alles sagen.

Der Junge ohne Namen saß dösend in seinem Baum und dachte an die Mutter, den Vater und die Schwester, und seine Gefährtin sagte etwas zu ihm, das er nicht verstand.

In dem Baum waren Eulen. Sie schrien über ihm.

Im Morgengrauen hörte er ein Husten und ein Räuspern unter sich wie bei seinem Vater, wenn er aufstand. Er warf einen Blick hinunter, sah aber nichts. Kurz darauf hörte er wieder etwas, und als er hinunterschaute, sah er eine Höhle im Stamm, die in eine größere Höhle führte. Der unterste Teil des Baumes war hohl und bis zum Boden offen. In einer Ecke der Höhle saß ein uralter Mann in zerlumptem Lederzeug, sein Feuersteinmesser an der Seite und einen Bogen mit

Pfeilen vor sich. Vielleicht gehörte der Alte zu seinem Clan. Vielleicht wußte er, wo ein Waldsee war, an dem die Baummarder sich aufhielten.

Vielleicht war der Alte auf der Jagd und noch gar nicht so alt, obwohl er ziemlich struppig aussah und man auf den durchstochenen Wangen kein Clanzeichen erkennen konnte.

Lautlos verließ der Junge seinen Platz im Baum und stellte sich ein Stück entfernt vom Eingang zur Baumhöhle. Der Alte räusperte sich laut und spuckte. Kurz darauf kam er herausgekrochen, ohne sogleich den Jungen ohne Namen zu sehen, der schnell in die Hocke gegangen war.

«Ich weiß nicht, wer du bist, alter Mann», sagte der Junge, als er die Überraschung und den Schrecken des Alten bemerkte, «ich bin ein Junge ohne Namen vom Clan des Baummarders, der den See der Kraniche sucht.»

Er hätte nichts sagen sollen, der Alte wurde, während er sprach, feindselig und drohend.

«Alles Unheil möge den Clan der Baummarder treffen», sagte der Alte, «und auch dich. Mögest du in eine Milbe verwandelt werden im Pelz des Dachses.»

Er war leichtsinnig gewesen. Er hatte, ohne es zu wollen, das Gebot seines Vaters mißachtet. Er hatte sich verraten. Vielleicht würde er nie den See der Kraniche finden.

«Wir waren die ersten hier im Land, lange vor euch, ihr Aalfresser und Hasenknabberer. Unser Volk aß Lachs und Äschen, Urochsen und Bären. Wir waren ein großes Volk, einige Köpfe größer als euer Zwergenvolk, das kleinlich denkt und kleinlich handelt. Wo sind die großen Tiere hingekommen? Habt ihr sie nicht alle aufgefressen in eurer Gier, weil ihr nicht zur Familie der großen Tiere gehört?»

Er redete in der Sprache des Baummarders, nur ein bißchen anders, die Wörter schienen etwas länger zu sein.

«Ich bin der letzte aus dem Clan der Hirsche», sagte er, «alle sind verschwunden, sind verhungert, weil es kaum mehr Bären und Auerochsen gibt. Niemand konnte unser Volk dazu bewegen, Aale zu essen und Hasen zu knabbern und seinen Stolz zu verlieren. Verdammt und nochmals verdammt sei das kleine, fette, ewig lachende Volk des Baummarders mit seiner Verrücktheit nach Frauen und seiner Unzuverlässigkeit.»

Der Junge ohne Namen hatte den Kopf gebeugt. Er mußte leider noch einmal reden.

«Du sprichst die Sprache des Baummardervolkes», sagte er zu dem Alten.

«Nein», sagte der Alte und fuchtelte mit den Armen, «ihr sprecht die entstellte Sprache des Hirschclans. Der Baummarder redet mit seiner lispelnden Piepsstimme, wie er es eben kann. Er hockte in seinem Baum und hörte, wie schön die Hirsche sprachen, und sagte sich: Ich will einer von ihnen werden, ich werde die Sprache der Hirsche lernen, dann bin ich fast einer von ihnen. Und er hat die Sprache gelernt und sie verdorben. Wenn ich einen von euch nur ‹Lachs› sagen höre, wird mir vor Wut schwarz vor den Augen. Ich rufe den Stammvater an: Großer Hirsch, brülle für mich, brülle dieses Baummardergeschmeiß weg mit dem heißen Atem deiner großen Nüstern.»

Der Alte schnappte nach Luft.

«Aber jetzt ist es euch wie uns ergangen», sagte er, «jetzt sterbt ihr aus, wie wir ausgestorben sind. Ihr habt die Hirsche und Bären getötet, um sie aufzuessen, sie werden euch nicht gegen die Bauern helfen. Warum, glaubst du wohl, leuchten so viele Sterne am Himmel?»

Der Junge wußte es nicht. Seine Mutter hatte ihm das nicht erzählt.

«Es sind Hirsche, die dort oben weiden, und ihre Augen sind es, die für uns nach ihrem Tode leuchten. Ja, und ganz oben am nachtschwarzen Himmel weiden der Große und der Kleine Bär. Das waren unsere Verwandten. Ihr habt sie in eurem Unverstand umgebracht. Jetzt finden die Menschen mit ihrer Hilfe nachts ihren Weg.»

Der Junge wagte nicht zu fragen, wie das gehe.

«Ich bin bloß ein Junge, der den See der Kraniche finden will», sagte er, «wie ich dir gesagt habe, und sonst habe ich dir nichts zu erzählen.»

«Du hast keinen Namen», sagte der Alte, «ich sehe, daß du kein Clanzeichen hast, du bist zu jung, und deshalb bringe ich dich nicht um, denn sonst hätte ich dich mit meinem Bogen und meinem Pfeil, der sein Ziel nie verfehlt, getötet.»

Der Junge blickte ihn an.

«Willst du es sehen?» fragte der Alte. Er holte den Bogen aus dem Baum und schaute nach oben.

«Warte», sagte er.

Sie warteten.

Kleine Vögel kamen mit Gras, Moos und Zweigen zu ihren Nestern und waren bereits mit der zweiten Brut beschäftigt. Tauben saßen gurrend im Laub der Äste, geborgen im Schatten und behaglich brütend.

Hoch über dem Wald schwebten die Bussarde und stürzten auf ihre Beute herab. Sie warteten. Der Pulsschlag wurde hörbar. Er schlug in ihm, und er sah, wie am Hals des alten Mannes die Ader pochte, langsamer als bei ihm. In den Vögeln und Kleintieren schlug er auch schnell, aber in den großen Tieren schlug er langsam, sehr langsam, und in den Bäumen schlug er nur ein paarmal im Jahr. Das Mächtige hatte einen langsamen Puls.

Plötzlich sah er mit dem Blick des Alten hoch oben einen Punkt, einen Adler, der dort kreiste.

«Jetzt paß auf», sagte der Alte und spannte den Bogen. Er zog die Sehne nach hinten, und auch die Sehnen seines mageren Armes waren wie Seile gespannt. Dann schnellte der Pfeil nach oben, die Bogensehne schwirrte. Für einen Augenblick, als er über den Wald hinausflog, blitzte der Pfeil in der Sonne. Der Punkt am Himmel kam näher, taumelte und drehte sich und fiel flügelschlagend auf die Baumkronen zu.

Dann verschwand er im Wald.

«Von den Vögeln schieße ich nur Adler», sagte der Alte und legte den Bogen zur Seite.

Der Junge schaute auf den Pulsschlag in der Halsader und begegnete einem scharfen, spöttischen Blick.

«Hol ihn», sagte der Alte und lehnte den Bogen an den Baum.

Der Junge wagte nicht, sich zu weigern.

Er mußte sich durch das dichte Haselgestrüpp unter den Eichen kämpfen, mußte durch breite, von Quellwasser überflutete Senken waten und entdeckte den Adler schließlich an einem Flügel hängend in der Krone einer Eiche, umschwirrt von aufgeregten kleinen

Vögeln, die von Ast zu Ast hüpften und ihn betrachteten. Und hinter einem Busch blickte ein Fuchs hinauf, als wolle er mit seiner Hoffnung ein Brechen der Zweige dort oben herbeiführen.

Der Junge kletterte auf den Baum. Der Adler war noch warm, und seine Augen schauten ihn mit einem goldenen Funkeln an. Der Schnabel verdeckte nur notdürftig die Zunge, als hätte er noch im Sturz damit hakken wollen. Die Halsfedern waren feucht vom Blut, wo die Steuerfedern des Pfeils herausragten. Er packte das tote Tier und ordnete die gewaltigen Schwingen. Als er den großen Vogel unter den einen Arm klemmte, spürte er die Sommerwärme im Gefieder, und während er von Ast zu Ast nach unten kletterte, überlegte er, wer wohl den Namen dieses Adlers getragen hatte. Wie alle Tiere hatte sich der Vogel im Augenblick des Todes mit Kot beschmutzt, der jetzt auf sein Bein und die eine Hand tropfte. Nicht so schlimm, von Adlerkot beschmiert zu werden.

Der Fuchs war hinter dem Busch verschwunden, als der Junge wieder auf festem Boden stand. Auf dem Rückweg hackte der Schnabel des Adlers bei jedem Schritt gegen seine Brust.

Der alte Mann, das konnte er durch die Bäume sehen, saß mit abgewandtem Gesicht da und drehte erst den Kopf, als der Junge vor ihm stand und den Adler vor ihn hinlegen wollte.

«Ich bin Kleine Spitzmaus», sagte der Alte stolz, «und gehöre dem Clan der Hirsche an. Die Spitzmäuse sind die besten Freunde des Hirsches. Sie wissen alles, was unter und über der Erde vor sich geht, und niemand kann sie erwischen. Deshalb bin ich als letzter übrig. Jetzt braucht keiner mehr Adlerfedern. Weit weg von hier wurden sie einst geholt, von Leuten, die mit nur zwölf Adlerfedern fliegen konnten, von Leuten, die mit Adlerflügeln unsichtbar wurden. All das ist längst Vergangenheit. Vielleicht verberge ich mich im Gefieder des Adlers und sterbe», sagte die Kleine Spitzmaus ernst, «geh jetzt!»

Der Junge legte den Adler vor den Alten und ging. Er spürte den Blick des Alten kein einziges Mal in seinem Rücken oder im Nacken. Wahrscheinlich schaute er woanders hin oder hatte ihn schon vergessen.

Aber nun mußte er eine weite Strecke zurücklegen, den ganzen Tag gehen, ohne Nahrung zu suchen, um wegzukommen, um dem nie mehr zu begegnen, dem er nur einmal begegnen durfte.

Er schlug den Weg zum Waldrand und zu den Bauerndörfern ein. Er beobachtete die Bauern bei ihren Verrichtungen, hielt Ausschau nach den Hunden und den Hühnern in der Mittagsruhe. Er stellte fest, wo ihre Quelle lag, und setzte sich versteckt ins Gebüsch, bis die Bauerntöchter mit ihren Krügen herunterkamen.

Sie füllten die Krüge nicht sofort, sie setzten sich auf die Steine und flochten Halme und Blumen zu Kränzen, die sie ins Wasser warfen. Und sie redeten miteinander, einige sprachen viel, andere sprachen wenig. Einige lachten viel, und einige lachten wenig. Sie hatten Strümpfe und Lederschuhe ausgezogen und gingen barfuß. Eine kratzte sich zwischen den Zehen, eine kratzte sich am Rücken, eine rieb sich unter dem Arm, und dabei redeten sie unaufhörlich.

Sie sprachen sehr schnell, einzelne Wörter kamen ihm bekannt vor, wenn auch auf andere Weise als die Wörter des alten Mannes.

Der Vater hatte ihm nicht verboten, anderen beim Reden zuzuhören. Redend füllten die Mädchen ihre Krüge, redend und lachend liefen sie durch das Unterholz hinauf zum Dorf.

Benommen wanderte er an diesem Nachmittag weiter, fort von all dem, was ihn fesseln und festhalten wollte.

10

Der Wald begann zu grünen, zuerst im Unterholz und im Gebüsch, dann schlugen die Buchen aus, bahnten sich ihren Weg im Eichenwald und überschatteten dessen Kronen, dann die Linden an den Waldrändern, die bald lieblich dufteten, umsummt von Bienenschwärmen, deren Waben hoch oben in den Bäumen hingen. Bevor die Eichen ausschlugen, durchbrachen die fingerförmigen Blätter der Esche die schwarzen Knospen. Von nun an, hatte die Mutter gesagt, würde der Sommer warm und hell werden.

Es waren nun so viele Tage vergangen, seit er aufgebrochen war, daß Finger, Zehen und Zähne nicht mehr zum Zählen ausreichten und er von vorne beginnen mußte. Er war weit weg von zu Hause, und inzwischen hatte er sich an die Sehnsucht und das Heimweh gewöhnt.

Er hungerte nicht, der Sommer bot zwar noch keinen Überfluß, aber es gab überall Wurzeln und Pflanzen; die wilde Möhre und die Pastinake konnte man bereits essen, Hechte standen sogar im kleinsten Wasserloch, sie hielten still, wenn man sie beruhigend streichelte und mit einer raschen Handbewegung herausholte. In den Nestern der Vögel lagen mehr als genug

Eier, und die Vögel saßen auf ihren Zweigen, sangen für ihre brütenden Weibchen und hatten nichts dagegen, wenn man sich ein paar Eier holte.

Die Nächte waren kurz, er konnte fast ständig unterwegs sein, nur im Mondschein saß er auf seinem Baum und träumte im Halbschlaf und ließ alles, was er erlebt hatte, vor seinem inneren Auge vorüberziehen. Er wollte nicht als Unwissender zurückkommen, wenn er die Federn des Kranichs geholt hatte. Aber am wenigsten wollte er sich selbst vergessen und seinen fiebernden Puls, als er den Adler vom Baum heruntergeholt hatte. War das richtig für einen Menschen, der dessen nicht bedurfte? Der alte Mann, der sein Leben im Gefieder des Adlers beschließen wollte. Er hieß Kleine Spitzmaus.

Was dachten wohl die Maus zu Hause und der Zaunkönig, wenn er nicht da war?

Die Entfernungen zwischen den Dörfern der Bauern wurden weiter. Bald gelangte er in einen tiefen Wald, größer als all die andern Wälder, die er durchwandert hatte. Ein Tag verging, und er sah kein Ende, kein Licht von einem offenen Feld, er hörte kein Rufen oder Muhen, kein Mädchengeplauder an der Quelle. Nichts als das Rauschen der Bäume, das Hämmern des Spechts, das Vogelgezwitscher und die Blicke der vielen Tiere, die ihn anstarrten. Es verging ein zweiter Tag, und noch immer folgte er dem Weg der Kraniche, dorthin, wo die Sonne aufging, und er wurde unruhig über die Weite des Waldes. Mußte der Wald so unendlich tief sein? Wenn die Wälder so groß waren, war es, das hatte der Vater erzählt, für seine Vorfahren am schönsten, an eine Lichtung zu kommen, wo man weit sehen konnte, wo Seen ihre großen Augen öffneten.

Ab und zu fand er umgestürzte Bäume mit nach oben ragenden Wurzeln über tief aufgerissenen Löchern, man sah ins Innere der Erde, oben dunkel, dann gelb und rot und lehmig oder sandig wie an den steilen Ufern des Fjords, wo sie sich im Sommer aufhielten.

Die Mutter hatte oft versucht, irgendein Gefäß aus Lehm zu formen und es im Feuer zu brennen, der Boden war zugespitzt, damit es mitten im Feuer im Sand stecken konnte, und sie kochte darin Schalentiere mit Tang und Kräutern. Aber meistens brachen sie beim ersten- oder zweitenmal entzwei. Lehm zersprang, ihre Sammelgefäße mußten sie aus Holz, Rinde und Bast herstellen.

Schwarze Störche wohnten in den Bäumen, die weiß waren von ihrem Kot. Es mußten Sümpfe oder Seen in der Nähe sein.

Bei einer Quelle fand er Lilien mit großen, grünen Blättern und Blüten mit gelblichen, gepunkteten, hängenden Lippen, wie er sie noch nie gesehen hatte. Sie brauchten offenbar eine unglaubliche Stille und Einsamkeit, daß sie hier wuchsen. Elfen wohnten wahrscheinlich auch hier, diese kleinsten und feinsten Wesen, die nur seine Mutter als Mädchen gesehen hatte. Sie hatten zu ihr gesprochen und ihr erzählt, daß der Himmel nie zerbrechen werde, weil nichts auf ihm laste.

Vier Tage lief er durch den Wald, bis ihm, noch ehe er Laute vernahm, Felder entgegenleuchteten. Er wurde so froh, wie er es gar nicht durfte.

Da hörte er an einem Baum vor sich ein Kratzen und

ein schwaches Brummen, und er sah einen Bären, einen struppigen Meister Petz, wie er auf den Baum stieg, um eine Bienenwabe, die hoch oben im Sonnenlicht blinkte, zu erwischen. Zielstrebig kletterte der Bär von Ast zu Ast, und als er oben war, hielt er sich mit der einen Pfote fest und streckte die andere nach seiner Beute aus. Die Bienen fielen über ihn her, aber er schlug mit seiner Pfote nach ihnen und schloß die Augen, wenn sie ihn stechen wollten. Schließlich erwischte er die Wabe, riß sie los und warf sie durch die Zweige hinunter. Sie landete weich auf einer Blätterschicht, und der Bär, der in Windeseile vom Baum geklettert war, stand auf allen vieren daneben und musterte die Wabe. Die Bienen surrten um ihn herum, konnten aber gegen sein dickes Fell nichts ausrichten. Der Bär setzte sich auf die Hinterbeine, nahm die Wabe zwischen die Vorderpfoten und öffnete sie behutsam. Der Honig fing an zu rinnen, und er leckte langsam und sorgfältig jeden einzelnen Tropfen auf, leckte dann alle Zellen gründlich sauber. Ab und zu warf er einen Blick auf die anderen Bäume im Umkreis, ob er noch weitere Waben entdeckte.

Als er fertig war, ließ er die Wabe liegen und lief auf den Hinterbeinen hinein in den Wald, um kurz darauf erneut auf einen Baum zu klettern.

Der Vater hatte auch schon mit Honig gefüllte Waben nach Hause gebracht, vorsichtig wurde der Honig in ein Rindengefäß gegossen, während das Innere der Wabe im Tausch an die Bauern ging, die die Wachskuchen aufbewahrten, um von fremden Händlern Schmuck und Waffen einzutauschen.

Das offene Land, das er erreichte, entpuppte sich als großer, flacher See mitten im Wald, öde und steinig und bis auf einen dünnen Schilfsaum unbewachsen. Hierher kamen die schwarzen Störche geflogen, in Ufernähe stehend fingen sie Frösche und Fische, die er noch nie vorher gesehen hatte; der See hatte keinen Zufluß und keinen Abfluß, der Junge ging rundherum und fand nichts. Das Wasser kam wahrscheinlich still von unten.

Der Strand war übersät mit flachen, grauen, scharfkantigen Steinen, gelb gefleckt vom Laub und bemoost.

Umgestürzte Bäume lagen im See und am Ufer, irgendwo dazwischen entdeckte er die Reste eines Bootes und daneben einige Haken aus Feuerstein. Er lauschte in den Wald hinein und blickte sich um. Schrittweise trat er näher und fand Feuersteinsplitter und einen Mörserstein, wie ihn seine Mutter verwendete, um die Samen in einem ausgehöhlten Stein zu zermahlen.

«Hoa, hua, hoa, hua», rief er über den See, und der Ruf schallte übers Wasser zurück.

«Kommt hervor, gebt euch zu erkennen, zeigt euch, liebe Verwandten», rief er, «laßt mich nicht alleine, wo seid ihr, laßt mich in eure Hütte ein und gebt mir zu essen.» Johlend tönte das Echo zurück, aber das war keine Antwort.

«Falls ihr hier seid», rief er schließlich, «falls ihr hier seid.»

Aber ihr seid nicht hier, sagte er zu sich. Ihr habt nicht nur den Sommerwohnplatz verlassen, ihr seid verschwunden, vielleicht tot.

Was wohl der Baummarder dazu sagte?

Der war nämlich da, er sah ihn auf einem weit herausragenden Ast liegen und ihn unverwandt anstarren.

Der Junge setzte sich hin und starrte zurück und sah, daß seine Augen nicht schwermütig waren.

«Bist du schwermütig, kleiner Baummarder?» fragte er ihn. Und er hörte, wie eine feine, lispelnde Stimme antwortete:

«Du bist der letzte, der übriggeblieben ist, verehre mich.»

«Nein, ich habe noch meinen Vater und meine Mutter und meine Schwester, und vielleicht leben noch einige von unserem Volk», sagte er.

«Verehre mich», sagte der Baummarder, «du bist der einzige, den ich jetzt habe.»

«Schenke mir ein Wort, lieber Baummarder, ich bin auf dem Weg zum See der Kraniche, um für den Lederbeutel meiner Mutter Scheitelfedern zu holen», sagte er.

«Du bist verliebt in eine Bauerntochter», sagte der Baummarder, «ach ja, ach ja.»

«Lieber Baummarder, ich weiß ja, daß es unpassend ist», sagte er.

«Unpassend, aber nicht verboten», sagte der Baummarder, «du bist noch ein Junge ohne Namen, bald wirst du nach deinem eigenen Gutdünken leben, sei nicht zu starr, sei nicht zu nachgiebig, auch nicht dir selbst gegenüber.»

«Schenke mir ein Wort, lieber Stammvater», sagte der Junge, «ein Wort, das mein Herz wärmt und meine Stimmung hebt. Mir fehlen mein Vater und meine Mutter und meine Schwester.»

«Ich habe kein Wort mehr», sagte der Baummarder, «du mußt tun, was dir am besten zu sein scheint, und die Scheitelfedern des Kranichs holen.»

Der Marder erhob sich, gähnte ein bißchen, machte auf dem dünnen Ast auf der Stelle kehrt und schlüpfte zwischen die Blätter.

«Wo gehst du hin? Stammvater, Stammvater!» flehte der Junge.

Der Baummarder streckte nur Schnauze und Auge zwischen den Blättern hervor und sagte:

«Heim zu mir, vielleicht, um zu sterben.»

Dann verschwand er.

«Kannst du denn sterben», rief der Junge ihm nach. Er brach in Tränen aus. Er legte sich auf die Ufersteine, breitete die Arme aus und weinte und dachte an Vater, Mutter und Schwester. An Mutter, Schwester und Vater und an den Zaunkönig und die Maus.

Die schwarzen Störche landeten ungerührt mit kleinen Spritzern in dem flachen Uferwasser, fingen Frösche und Karauschen und flogen wieder davon. Die Bachstelzen liefen geschäftig zwischen den Ufersteinen hin und her, eine von ihnen hüpfte auf seinen Rücken und flog dann flügelschlagend und mit einer lauten Schimpftirade ein Stück weiter. Eine Kreuzotter auf einem warmen Stein glitt ins Wasser und steuerte das gegenüberliegende Ufer an, doch sie wurde von einem der schwarzen Störche im Genick gepackt und erlebte zappelnd eine Luftfahrt hinüber zum Wald.

Die Tränen trockneten im Mund, in den Augen und im Herzen. Der Junge richtete sich auf. Er sammelte Steine und legte sie aufeinander. Er kippte alles wieder um, wie sie es so oft gespielt hatten, seine Schwester und er, aber jetzt machte es keinen Spaß.

Manchmal schaute er von seinem Spiel auf. Die Welt erschien ihm auf einmal in neuer Schärfe und Klarheit, und er saß mittendrin und gehörte hinein wie nie zuvor. Seine Hände waren auf merkwürdige Weise fremd und gleichzeitig vertrauter. Er ging hinunter zum See, beugte sich über das Wasser und schaute sich in die Augen. Auch das hatten er und die Schwester oft am See getan.

Vielleicht sahen sich die schwarzen Störche auch so?

Er setzte sich wieder auf die Steine und dachte an alles, was er seit seinem Abschied erlebt hatte. Wie sollte er das mit sich tragen. Was würde noch geschehen? Was würde aus ihm werden, bis er wieder nach Hause kam? Und wie sollte sein späteres Leben aussehen?

Am Vormittag wanderte er in Richtung Sonnenaufgang. Er war vermutlich noch im tiefsten Teil des Waldes, und es war weit bis zum offenen Land und weit bis hin zum großen Meer, das er erreichen mußte, bevor er den See der Kraniche finden konnte.

Es wurde dunkel zwischen den Bäumen, nur oben in den Wipfeln schimmerte der helle Abendhimmel, als er gerade einschlafen wollte. Wie gewohnt hatte er sich einen Baum mit bequem erreichbarer Astgabel gesucht, das war in den Nächten, in denen er kein Feuer entzündet hatte, sein Nachtlager, und hier dachte er jedesmal: Kommt der Wolf, kommt der Bär? Jetzt dachte er noch: Der kleine Baummarder wird sterben, der kleine Baummarder war nicht froh und munter. Oder war es nur ein Feind, der sich als Baummarder verkleidet hatte? Der ihn an der Nase herumführen und entmutigen wollte?

Er würde es wohl nie erfahren.

11

Der Wald war verändert, als er am nächsten Morgen erwachte. Von dort, wo die Sonne aufging, kam ein Lüftchen, das vom Meer stammen mußte, ein Geruch, den er vom Fjord kannte, nach Tang und Salz. Seine bisherige Wanderung hatte ihn durch ein weites, ebenes Land geführt, in dem Bäche und Flüsse sich mit Weihern und Seen abwechselten. Hier mußte die letzte Zuflucht seiner Verwandten sein.

Aber jetzt beendete ein Taleinschnitt diese Landschaft. Er bemerkte ihn von dem Baum aus, auf dem er geschlafen hatte. Als er ein Stück gegangen war, blinkte ihm ein Wasser mit solchem Glanz entgegen, daß er die Augen schließen mußte.

Es war eine Quelle, mannstief und so breit wie die Hütte, in der er zu Hause war. Grund und Ufer waren kreideweiß, große Blasen stiegen vom Grund auf wie Perlen und vereinigten sich zu einem Wirbel, der sich auf der glatten Oberfläche, auf der einige Eichenblätter schwammen, in Ringen ausbreitete. Das Wasser ergoß sich in einem einzigen, scharfen Strahl in einen breiten Bach, der blau vom Licht des Himmels oder grünlich schimmernd von den Blättern dem Talgrund folgte. Nicht ein Fisch, nicht ein lebendiges Wesen war im

Wasser sichtbar, keine Mücke, kein Wasserläufer auf der Oberfläche, und an keiner Stelle schien das Wasser in seinem Lauf zu zögern. Es entsprang der Quelle und war weg, konnte nicht warten.

Kein Frosch hatte in der Nacht gequakt, ein Geräusch, das sonst aus jedem Wasserloch ertönte. Er blickte sich um. Die Eichen spiegelten sich in der glatten Wasserfläche. Sie standen in der Erde, aber nur ein paar Handbreit unter der dunklen Erde war der weiße Kalk, weich und körnig. Die Mutter hatte stets in einer Ecke der Hütte Kalkklumpen, um die Felle zu gerben und um damit einmal im Jahr zur Erinnerung an ihre Aufnahme in den Clan ihre lange Narbe nachzuziehen.

Das Innere der Erde ist farbig. Von dort steigen die Farben auf in die Kelche der Blumen und in die Eingeweide und Felle der Tiere, in ihre Federn, Klauen und Schnäbel.

Aber dieses Wasser war so rein und klar, daß es aus sich selbst kommen mußte oder vom Himmel, wohin es auch zurückkehrte. Der Himmel machte es blau. Die Blätter machten es grün. Das Wasser war willig, ließ sich färben, war einfach Wasser.

«Das ist nicht das Werk des großen Frosches», würde seine Mutter beim Anblick dieses Wassers sagen. Sie würde viele Tage grübeln, bevor sie etwas sagen könnte, da war er sicher.

In allen anderen Gewässern lebten kleine Frösche und große Frösche, im Winter lagen sie dicht zusammengeklumpt im sandigen Grund der Quellen, um sich zu wärmen und das Wasser hervorzubringen. Deshalb wußte jeder, daß der große Frosch das Wasser hervorbringt. Und zwar an solchen Stellen.

Aber nicht hier.

So genau er auch schaute, er entdeckte nicht den winzigsten Fisch, nicht den kleinsten durchsichtigen Stichling mit drei Stacheln oder mit neun Stacheln, nirgends starrte ihn irgendein Wesen an. Es gab keinen Ort, an dem sich Fische hätten verstecken können, vielleicht hielten sie sich deshalb nicht in diesem Wasser auf. Es gab keinen Ort der Ruhe, überall strömte es, vielleicht wollten sie deshalb nicht hier sein. Das Wasser war selbst zu lebendig, es war ein lebendiges Wasser, das nur mit sich selbst leben konnte.

Die Klarheit des Wassers tat ihm gut, er lachte vor Verwunderung über das Durchsichtige. Nach einiger Zeit wagte er, eine Hand ins Wasser zu tauchen, und es biß ihn nicht, es ertönte keine Stimme, keine Warnung, kein Seufzen. Da befand sich kein Wesen im Wasser, es war für sich selbst.

Es plätscherte nicht einmal, es strömte ungehindert in sein Bachbett, ohne sich zu verändern. Es lief auf seinem weißen Grund zwischen Gräsern und Kräutern dahin, und so weit er sah, gab es keine Windung, keine Wellen, keine Wirbel. Vielleicht kamen fast unsichtbare Wesen hierher, um sich zu spiegeln, anders konnte er sich das nicht denken, einige tagsüber im goldenen Licht, andere nachts mit den feindseligen Schatten der Dunkelheit oder der Heiterkeit des Vollmonds.

Er und die Schwester pflegten in ihrem See zu baden und herumzuspringen, und er überlegte, ob er sich nicht vielleicht ausziehen und in der Quelle, die ihm nichts Böses wollte, baden könnte.

Er drehte und wendete seinen Einfall, einmal wollte er und einmal nicht. Er würde dadurch sichtbar werden, nicht bloß für die Quelle, sondern für sich. Er, der Junge ohne Namen, allein in dem blauen Wasser. Der Gedanke ließ ihn nicht los. Schwankend zwischen Lust und Zweifel zog er schließlich seine Kleider aus und stieg Schritt für Schritt in das kühle, tiefe Wasser, das ihm bis zu den Schultern reichte.

Es prickelte an den Fußsohlen, die perlenden Blasen kitzelten Beine und Leib. Er fühlte sich sanft eingehüllt, er konnte einfach dasein, das Wasser kümmerte sich nicht um ihn. Es genügte sich selbst.

Seine Füße waren auf einmal groß und ganz nahe. Er schrumpfte, und als er untertauchte, merkte er, daß er nichts wog, daß das Wasser sein Gewicht wegnahm, und er wußte nicht, wo es blieb.

Wenn seine Schwester und er im See gebadet hatten, dann hatten sie geschrien und geplanscht. Hier genoß er die Stille, er dachte an seine Gefährtin, und er lächelte bei der Vorstellung, sie würde zu dieser Quelle kommen, um Wasser zu holen.

«Was hältst du davon?» fragte er sie.

Aber sie würde wohl weglaufen, in den Wald hinein, und nach ihren Schwestern rufen.

Er stieg aus dem Wasser und hinterließ nicht die geringste Spur. Er streifte sofort seine Kleider über. Unten am Fjord, am Strand, konnten Menschen lange Zeit nackt bleiben, aber im Wald würden alle zusammenlaufen, wenn sie einen ohne Kleider sähen. Man würde in jeden Winkel des Waldes Boten aussenden, davon war er überzeugt. Ein neues Wesen ist auferstanden, es ähnelt einem Menschen, hat aber nichts an. Würde sich vielleicht gar der Adler auf ihn stürzen und die Klauen in seine Schulter bohren?

Er wartete den ganzen Vormittag, bis die Sonne den höchsten Punkt am Himmel erreicht hatte, um zu sehen, wie sie sich im Wasser spiegelte. Die Baumwipfel öffneten sich gerade so weit, daß es ihr zur Mittagszeit gelingen müßte, in die Quelle zu scheinen.

Stück für Stück verschob sich die Sonnenscheibe und legte sich als funkelnder Glanz über die Quelle, wo sich das Wasser langsam um sich selbst und aus sich heraus drehte. Dieser glänzende Ring setzte sich in zahllosen Spiegelungen bis auf den Grund fort. Ein Vogel flog durch das Licht, verharrte einen Augenblick über der Quelle und verschwand mit einem Zwitschern.

Ihm war klar, daß dieses Schauspiel nur an wenigen Tagen in der Mitte des Jahres stattfand, immer dann, wenn der Sonne nur eine kleine Öffnung im Laub blieb.

Später untersuchte er den Waldboden um die Quelle nach Spuren und Zeichen, fand aber weder Werkzeuge noch Abfälle. Er betrachtete alle größeren Steine, um die Vertiefungen zu finden, auf die er und der Vater überall im Wald stießen, meist mehrere an ein und derselben Stelle. Aber er entdeckte nichts. Trotzdem war er sicher nicht der erste, der diesen Ort gesehen hatte. Es hatten wahrscheinlich schon viele den Bach bis zur Quelle verfolgt und von dem Wasser getrunken. Aber niemand hatte sich hier niedergelassen. Sogar die Bauern hatten sie in ihrem Frieden gelassen.

Er hätte gerne noch ein Bad genommen, ließ es aber bleiben, das erste sollte auch das letzte sein. Er wollte nie mehr an dieser Quelle vorbeikommen. Er wollte keinem erzählen können, wo sie lag, nur, daß sie im großen Wald sei und daß ein Bach von dort Richtung Sonnenaufgang zum Meer fließe.

Er folgte dem Bach, das Gelände fiel unmerklich ab, und der weiße Grund wurde allmählich von Kies und Sand bedeckt, der Bach machte nun Windungen, in denen sich kleine Sandbänke bildeten und dunkle Höhlungen. Hier stieß er auf die ersten blaurückigen Forellen, fing sie mit der bloßen Hand und aß sie roh.

Forellen sind eben treu.

Trotzdem sehnte er sich nach Aal, nach Austern und Herzmuscheln. Aber am meisten fehlte ihm der sommerliche Seehundspeck, der seine Mutter so rund und drall und dick werden ließ und ihr Lachen noch größer machte, fast bis hinauf zur Stirn. Und dann kamen sie und die Schwester abends nach Hause, die Körbe voller Waldbeeren.

Aber dafür war es noch zu früh. Die Himbeeren waren graugrün, die Brombeeren weiß, tiefer im Wald blühten sie erst.

Als der Abend hereinbrach, konnte er über das offene Land das Meer sehen, es schien ihm von einem blassen Blau mit goldenen, langen Sandbänken. Er sah es vom Wald aus, und davor waren verstümmelte Bäume und die Felder der Bauern und zusammengewürfelte Siedlungen.

Da beschloß er, sich einen Schlafplatz für die Nacht zu suchen.

12

Der Wind blies kräftig vom Meer, als der Junge bei Sonnenaufgang erwachte. Spatzen pfiffen, Waldtauben gurrten, der Kuckuck schrie mit langen Pausen. Aus dem dichten Unterholz am Waldrand kam lautes Vogelgezwitscher und ein aufsteigendes Tirilieren, wie er es nie vorher gehört hatte, und aus der Ferne ertönte die Antwort. Das mußte ein kleiner Vogel sein. Ein großer Vogel singt nicht so leidenschaftlich.

Die Sonne stand auf. In den lichten Stellen zwischen den Wipfeln hingen Insektenschwärme im Sonnenlicht, und Schwalben huschten zwischen den Bäumen und schnappten sie im Flug. Das offene Land lag im Schutz des Gegenlichts. Nichts bewegte sich, nur ein Storch flatterte langsam gegen Mitternacht, vielleicht zum See der Kraniche.

Es dauerte nicht lange, da gingen in den Dörfern die Türen auf, als erstes trat ein Bauer heraus, danach Kinder, dann kleine Kühe, die vorsichtig den Stall verließen und sich umschauten, bevor sie hintereinander hinausgetrieben wurden auf den schmalen Weg zwischen den geflochtenen Zäunen. Aus allen Häusern kamen drei oder vier kleine Kühe, und er sah die lange Reihe Richtung Wald wandern, als letzte ging eine

Frau mit schnurrender Handspindel. Ein langer Zug, der stetig näher kam, und als er sich umblickte, sah er, daß alle Zweige der Bäume etwa in der gleichen Höhe abgenagt waren und das Unterholz bis zu den obersten Spitzen kahl war. Von hier aus fraßen sie sich einen Sommer lang in den Wald hinein.

Er mußte verschwinden, bevor sie seinen Platz erreicht hatten.

Er beschloß, über offenes Land zum Meer zu gelangen, von Baum zu Baum und von Busch zu Busch, dem Bach entlang, in dessen Quelle er gebadet hatte.

Lichtes Gehölz wuchs als schmaler Streifen zu beiden Seiten des Bachlaufs. Von hier aus konnte er alles im Auge behalten. Die Bauern trampelten über Äste und Zweige, die laut knackten. Er schlich lautlos. Die Bauern zeigten ihre Gesichter im Licht, er war es gewohnt, sein Gesicht abzuwenden, daß es nicht leuchtete.

Er setzte sich an eine Windung des Baches, fing kleine Forellen und aß sie, während die Vögel, die er nicht kannte, um ihn herum sangen und tirilierten. Und diesmal entdeckte er einen von ihnen, auf einem Ast über dem Bach. Der Junge hätte ihn in der Faust verstecken können, so klein war er, grau, mit gesträubten Federn und vibrierender Kehle. Wie seltsam, daß der Vogel bis fast zur Mitte des Sommers sang.

Der Junge ging langsam zwischen den Bäumen am Bach entlang, beobachtete ständig, was draußen geschah, aber er sah nirgends einen Bauern. Die Felder lagen still da. Das Getreide stand schon hoch, gelbgrün, und dazwischen wuchsen die hohen Disteln, blaue Blumen und hochstenglige, rötliche Pflanzen. Der Knöterich gedieh ebenfalls hier. Davon sammelte seine Mutter im Herbst immer die Samen. Dick waren die und wohlschmeckend, sobald sie erst getrocknet waren. Er sehnte sich danach, endlich wieder einen süßen Geschmack auf der Zunge zu spüren. Jetzt mußten die Waldbeeren bald reif werden, zuerst die kleinen Erdbeeren auf der trockenen Erde zwischen dem Gras. Vielleicht fand er auch eine Bienenwabe, die ein Bär oder ein Bauer vergessen hatte. Sein Vater berührte Waben nie, ohne sich vorher von Kopf bis Fuß mit einem Kräutersaft einzureiben, der die Bienen abhielt.

Er merkte rechtzeitig, daß sich das Gehölz nach allen Seiten öffnete. Zu beiden Seiten des Baches breitete sich offenes Land aus, weites Land mit hohem Gras. So etwas hatte er noch nie gesehen. Nur Gras und kein einziger Baum. Das Gras hatte buschige, gleichmäßige Halme, nirgends waren Buckel oder Löcher, und die Grasfläche war viereckig wie alles, mit dem die Bauern zu tun hatten. Sie bauten viereckige Häuser, ihre Gehege und Felder waren möglichst viereckig, ihre Pfade bauten sie so gerade als möglich, ihr Denken war auf ein Ziel ausgerichtet, es gab nirgends bequeme Umwege. Wenn sie aus ihren Häusern kamen, war es genauso, sie gingen geradewegs auf eine Sache zu, blieben nirgends stehen. Immer nur eine Sache im Kopf, hatte der Vater erzählt. Ja, er sagte sogar, sie behaupteten, mehr könne man nicht behalten. Sie aßen jeden Tag zur gleichen Zeit, man sah, wie sie vom Pflügen und Säen heimeilten und jedesmal ungefähr zur gleichen Zeit aufs Feld zurückkehrten. In der Mittagsruhe hatte der Junge nichts zu befürchten, auch nicht von den Hunden, die zur gleichen Zeit wie die Bauern fraßen und schliefen.

Aus der hintersten Ecke der viereckigen Grasfläche erklangen plötzlich Stimmen, Bauernstimmen, stark in ihrer Gemeinsamkeit. Er sah drei Gesichter auftauchen, die Sonne hinter sich. Sie hatten runde, steife Kappen auf, waren braun gekleidet, in gewebtes Zeug und Lederschuhe, die um die gewebten Strümpfe geschnürt waren. Über der Schulter trugen sie blitzende, ungeheuer lange Eisensensen mit langen Schäften und einem Handgriff. Vorsichtig setzten sie die Sensen ab und griffen ins Gras, ließen die Ähren durch die Hände gleiten. Kein Zweifel, sie wollten das Gras mähen, genauso, wie sie im Herbst das Getreide mähten. So große Sensen zeugten von Reichtum.

Der älteste, ein untersetzter, breitschultriger Mann mit Bartstoppeln am Kinn und einem gezwirbelten Bart unter der Nase, nahm die Sense und ging als erster in das Gras. Er stellte sich breitbeinig hin und führte die Sense in weitem Bogen durch das Gras. Jeder Halm glänzte beim Fallen, und er machte einen Schritt vorwärts und zog die Sense erneut durchs Gras, und die Halme fielen. Nur kurze, steife Stoppeln blieben übrig.

Jetzt begann der nächste und schließlich der dritte Mann.

Gleichmäßig die Sensen schwingend schritten sie vorwärts, im gleichen Rhythmus, und der Vordermann setzte manchmal den Fuß so fest auf die Erde, daß es aussah wie ein Tanzschritt. Sie schauten sich nicht an, folgten nur ihren Schatten, die über dem Gras ineinanderliefen, das sich leicht im Wind wiegte.

Nach einiger Zeit unterbrach der Vordermann das

Mähen, und die beiden andern hörten ebenfalls auf. Er sagte etwas zu ihnen, und sie nickten, und er sagte noch mehr, deutete über das ganze Feld, und sie nickten wieder. Dann griff er zur Sense, bereit, weiterzumähen, und rief dabei den andern etwas zu. Darüber lachten sie, laut und wiehernd, niemand lachte so schwerfällig und unbeholfen wie die Bauern.

Aber der Spaß war rasch vorbei, mit verkniffenen Gesichtern und in gebückter Haltung schwangen sie steifarmig und mit viel Kraft die Sensen. Hinter ihnen lag das geschnittene Gras, jeder Halm gleich lang und in gleicher Richtung, keiner quer, Bahn neben Bahn.

Bald darauf hielt der Vordermann erneut inne und wischte sich mit dem ganzen Ärmel den Schweiß von der Stirn. Er sagte etwas, die andern nickten dazu, und sie gingen alle drei langsam über die gemähte Erde Richtung Sonne, und er sah, wie bei jedem der Schweiß durch das Wams gedrungen war, sah die dunklen, nassen Flecken. Sein Vater hatte nie geschwitzt, geschweige denn er selbst.

Sie setzten sich in den Schatten eines Baumes. Der mit dem gezwirbelten Bart holte ein großes flaches Brot hervor, es war offenbar recht hart, weil sie so mühsam kauten. Sie hatten auch einen Tonkrug, den sie herumreichten, mit frischer Milch oder vergorenem Apfelsaft, den sie zu bestimmten Jahreszeiten in solchen Mengen tranken, daß sie sich nicht mehr kannten und man auf alles gefaßt sein mußte, Tag und Nacht.

Sie tranken viel. Der Vater hatte immer den Kopf geschüttelt, wenn sie darüber redeten. Er hatte gemeint, daß jeder Mensch von Geburt an die Flüssigkeit in sich hat, die er braucht. Ein bißchen könne man vielleicht dazugießen, aber nicht zu viel. Die Suppe, die die Mutter manchmal kochte, zählte für ihn nicht als Flüssigkeit, das war normales Essen, richtige Nahrung.

Die Mahlzeit endete damit, daß der Mann mit dem Zwirbelbart das Essen zur Seite legte. Sie hatten den Mund noch voll und kauten noch, da ließen sie sich nach hinten fallen, kreuzten die Arme unterm Kopf und schliefen ein, und er hörte, wie jeder in seiner Tonart schnarchte.

Jetzt konnte er beruhigt das offene Land überqueren.

Da sah er hoch oben einen weißen Storch kreisen. Die Kreise wurden immer tiefer, bis der Vogel mitten im gemähten Gras landete, wo er nach Fröschen zu suchen begann. Er stolzierte völlig unbekümmert über die Stoppeln und schien gar nicht zu merken, daß die drei Bauern sich aufrappelten, die Augen rieben, mit den Fingern durch das Haar fuhren und die Hosen hochzogen. Sie deuteten nicht einmal auf den Storch, sagten nur ein paar Worte, überquerten das gemähte Gras und knieten dann nieder, um ihre Sensen auf einem flachen Stein zu dengeln. Die ganze Schneide wurde dünn geklopft, ehe sie weitermähten.

Der Storch flog später am Nachmittag davon, und der Junge verfolgte ihn mit den Augen bis zu einem der Bauernhöfe, wo sich der Vogel auf dem Dach niederließ.

Der Junge wollte weiterziehen. Er machte einen Schritt, trat dabei auf einen Zweig, es knackste laut.

Er sah, wie die Bauern sofort die Köpfe hoben und dorthin starrten, wo er hinter einem Baum stand. Sie besprachen sich miteinander, waren hellwach, ihre Blicke zeigten eine gefährliche Entschlossenheit.

Der Mann mit dem Zwirbelbart kam als erster, die beiden andern folgten ihm mit langen, raschen Schritten über das gemähte Gras, wo jetzt Spatzen saßen und aufflogen.

Sie steuerten geradewegs auf den Baum zu, hinter dem er stand. Sie blieben stehen, redeten leise miteinander und unterschieden seinen Schatten vom Schatten des Baumstamms, das sah er ihnen an. Sie würden ihn gleich haben.

Er mußte fliehen.

Er war nie zuvor gelaufen, aber er dachte an Hirsche und Hasen, die hierhin und dorthin liefen. Er hörte sie hinter sich rufen, aber er rannte weiter, bis er außer fernem Geschrei nichts mehr hörte. Da blieb er stehen und blickte sich um. Er konnte sie als kleine, schwarze Gestalten zwischen den Bäumen ausmachen. Sie standen im Licht der Nachmittagssonne, die durch die Wipfel hereinschien. Sie sahen hilflos aus, aber gefährlich. Vielleicht wollten sie Hilfe holen und ihn jagen. Er mußte einfach warten und weitergehen.

Endlich verschwanden sie. Er sah sie gerade noch draußen im Licht des Grasfeldes, dann hörte er, wie sie ihre Sensen dengelten und sie erneut durchs Gras zogen. Sie wollten sich anscheinend nicht weiter um die Sache kümmern.

Gegen Abend, als die Geräusche auf der Wiese erstarben, kehrte er zurück. Lange stand er reglos im Schutz der Bäume, bis er sich sicher fühlte und hinaustrat auf das offene Feld. Er hatte das Gefühl, daß ihn hier jeder sehen konnte. Es war warm und duftete süß nach dem frisch gemähten Gras. Er genoß es, obwohl er es vielleicht nicht genießen sollte.

Nun folgte er wieder dem Gehölz am Bachlauf entlang bis dicht zum Dorf, das sich an einen niedrigen Hügel schmiegte, in dem leicht gewellten, zum Meer flach auslaufenden Land.

Vom Dorf führte ein Pfad hinunter zum Bach, das Ufer war flachgetreten. Neben dem Bach war ein ausgehöhlter Baumstamm in die Erde eingegraben. Hier konnten sie das Wasser direkt in ihre Krüge gießen. Er sah es nur flüchtig im Vorbeilaufen. Es war Abend, aber vielleicht würden sie noch einmal kommen, würden Wasser holen oder ihre Kühe vor der Nacht zur Tränke treiben, dort, wo das Bachufer zertrampelt war und wo Kuhfladen lagen und im Sand trockneten.

Erst ein Stück näher beim Meer wagte er, zum Dorf zurückzublicken, das auf der Anhöhe im Abendlicht lag. Er sah den Storch in seinem Nest auf einem der Dächer, und er hörte ihn klappern.

Er hatte Lust, hier die Nacht zu verbringen.

Er suchte sich einen Baum mit einer Astgabel nicht weit über dem Erdboden aus und setzte sich hinein. Doch als die Abenddämmerung einfiel, wurde er unruhig, das Dorf zog ihn an.

Er schlich von Baum zu Baum und von Busch zu Busch, blieb immer wieder stehen und ging näher. Die Hunde erhoben sich vor den Hauseingängen und knurrten. Die Kinder rannten von Hof zu Hof und um die Ecken, sie riefen sich etwas zu und versteckten sich voreinander. Die Männer standen zusammen und redeten, und durch die geöffneten Türen sah er die Frauen über den roten Schein der Feuerstellen gebeugt. Die Kühe trotteten gemächlich mit tropfenden Mäulern auf dem Pfad vom Bach herauf, und jede fand ihren Hof und Stall. Bald ertönte ihr Gebrüll aus den Ställen, und es dauerte nicht lange, bis die jungen Mädchen mit den Holzgefäßen herauskamen, in denen weiß die frisch gemolkene Milch leuchtete.

Als es dunkel wurde, schlich er noch näher heran. Neben einigen Höfen lag ein umzäuntes Stück Erde, kleine Vierecke voller grüner Kräuter, die stark und intensiv rochen. Da standen auch ein oder zwei Apfelbäume und große Büsche mit flachen, weißen Blütendolden, die im Licht der schlanken Mondsichel schimmerten.

So etwas hatte er noch nie gesehen, die Blüten dufteten stark und süßlich und waren voll von gelbem Staub. Er langte über den Zaun und pflückte eine Dolde, roch daran und aß die Blüten, die süß und sättigend waren.

Da stand er, als auf einmal zwischen den Häusern Musik ertönte, eine näselnde Musik, die nicht aus Hörnern kam, andere Instrumente, die er kannte, schlossen sich an: Rindenpfeifen, auf denen auch die Bauern zu Hause spielten.

Die Musik bewegte sich bis in den hintersten Winkel des Dorfes, gefolgt von einer springenden und tanzenden Schar dunkler Gestalten, die hinaufzogen auf die kleine Anhöhe, auf der er die Umrisse eines Holzstapels sah. Hier stellten sich alle im Kreis auf, sprangen und stampften und johlten, während zwei Männer am Boden lagen und an einem Seil zogen. Ein dritter hielt den Feuerbohrer, von dem Rauch aufstieg, und ein vierter brachte Späne, Moos und Heu.

Der Gesang und der näselnde Ton der Musik nahmen kein Ende. Das Feuer griff schließlich auf Moos,

Gras und Späne über, wurde zur starken Flamme, die man zu dem aufgeschichteten Holzstapel trug. Rasch brannten die Scheiter lichterloh und beleuchteten die singenden, grölenden, hopsenden und stampfenden Menschen. Kannen und Schöpfkellen wurden herumgereicht, und das Getränk ging von Mann zu Mann und von Mann zu Frau.

Der schlanke Sommermond stieg auf und hing über dem Meer, aber sie beachteten ihn nicht in ihrem Rausch.

Die Hunde kläfften und jaulten, doch seine Anwesenheit bemerkte keiner.

Das Fest ging weiter, und jetzt sah er auch an anderen Stellen in dem weiten Land den Schein der Feuer. Die Bauern benützten das Feuer, wie es ihnen paßte. Sie brannten die Wälder ab. Sie entzündeten Signalfeuer, um zu zeigen, wo sie sich aufhielten. Er mußte an seine Gefährtin denken, ob sie nun auch mit ihren Verwandten an einem Feuer stand, mit ihrem Vater und ihrer Mutter, mit ihren Schwestern und den anderen Bauerntöchtern?

Erst im Morgengrauen endete das Fest, da lagen noch drei Männer hügelabwärts auf dem Rücken, und eine Frau sang allein vor sich hin, den Kopf zwischen den Knien und immer noch im Festrhythmus stampfend. Die Hähne krähten, die Kühe brüllten. Aber da hatte der Junge ohne Namen seinen Holunderbusch schon verlassen und befand sich auf dem Weg zum Wald.

13

Auf seinem Weg zum Meer ließ er Ackerland und Wald bald hinter sich. Der Bach floß in einem dichten Schilfgürtel über sumpfigem Grund, verzweigte sich und bildete kleine Lagunen, in denen Brandenten hin und her schossen und schwere, großschuppige Fische zur Oberfläche stießen.

Golden und silbern glänzende Libellen hingen im Schilf, bei jedem Schritt, den er am Bach entlangstapfte, gab es ein schmatzendes Geräusch, und manchmal sah er den gepanzerten Rücken einer kleinen Schildkröte, wie er sie von zu Hause kannte, wo sie aber schon selten waren.

Über dem Schilfwald schwebten die schwarzen Störche. Der Habichtsadler und der Bussard trieben mit dem Wind über dem Saum zwischen Land und Strand. Aus den Büschen, die auf den trockenen Stellen wuchsen, trällerte wie verrückt der kleine Sänger, den er nicht von zu Hause kannte, die Rohrdommel sang, die Enten schnatterten, und der Eistaucher und der Seetaucher schrien sich heiser.

Zum Strand hin hob sich das Land und bildete eine breite, mit fetten Gräsern und wilden Zwiebeln bewachsene Terrasse, wie beim heimatlichen Fjord. Der

Ufersaum war flach und steinig, weiter draußen im Meer lagen Muschelbänke, die immer wieder vom Wasser überspült wurden.

Alles war wie am Fjord, vertraut und offen. Aber die Küstenlinie gegenüber fehlte, und er vermißte die Gedanken über diese andere Seite und die Fragen, die er deshalb dem Vater gestellt hatte. Hier gab es bloß das weite, leere Meer, belebt von weißen Schwänen, die an der Küste auftauchten, und den Möwen, die gegen den Wind vom Meer starteten.

Hierher kam selten ein Bauer, es gab hier keine großen Tiere – nur Hasen und Vögel, und mit allem, was wuchs, würde er keine Not leiden.

Die Sonne schien vom wolkenlosen Himmel. Die Mitte des Sommers war sicher vorüber, nun mußte er bald den See der Kraniche erreichen. Dort oben, sagte er sich und dachte sich ein Stück weit die Küste hinauf, und dann dachte er an den langen Rückweg im Nachsommer und im Herbst bis zur Tagundnachtgleiche, an der sie ihn zurückerwarteten.

Welchen Namen würde er bekommen, wenn er dem Vater die drei roten Kranichfedern überreicht hatte? Der Vater würde es noch nicht wissen, die Mutter würde es nicht wissen. Der Name sollte aus dem Augenblick kommen, in dem er ausgesprochen würde. So war es richtig. Zögerte der Vater auch nur im geringsten, war das wie eine ewige Wunde im Namen, so hatte es die Mutter gesagt.

Der Junge legte sich auf einen sandigen Fleck im grünen Gras und schaute nach oben, schloß die Augen und sah das goldene und das rote Licht hinter den Lidern, er öffnete die Augen wieder und sah das Himmelsblau, das am Grunde weiß war und das näher kam, je länger man es anschaute. Zu guter Letzt stand es direkt über einem.

Er drehte sich auf den Bauch, schöpfte die Hände voll Sand und ließ ihn durch die Finger rinnen, wie er und die Schwester es machten, wenn sie im Sommer am Fjord waren. Draußen auf den Sandbänken bellten die Seehunde, warfen sich ins Wasser und schwammen hintereinander her, tauchten weit draußen aus dem Wasser auf und warfen einen Blick zurück zu ihren Artgenossen am Strand.

Einige Menschen könnten schwimmen, hatte der Vater behauptet. In ihrem Clan habe es viele gegeben, die im See und im Fjord wie die Hunde schwimmen konnten, ja einige hatten reißende Flüsse schwimmend überquert und waren wohlbehalten angekommen. Andere hatten, wenn ein Boot kenterte, Leben gerettet.

Die Bauern konnten nicht schwimmen, sie gingen unter wie Steine, wenn das Eis unter ihnen brach, hatte der Vater gesagt.

Der Junge blickte hinaus aufs Meer und schaute sich alle Sandbänke genau an. Auf denen, die gegen Mitternacht lagen, bemerkte er dunkle Punkte, die sich bewegten. Das mußten Seehunde sein. So weit hinaus würde er niemals gelangen. Doch Seehundspeck würde ihm guttun. Der würde ihn richtig satt und froh machen. Dann wäre es leichter für ihn, den Kranichen gegenüberzutreten. Ein Seehund wäre allerdings zuviel für ihn, nach zwei Tagen würde mehr als die Hälfte übrigbleiben. Er verzichtete, ein kleiner Hase mußte genügen. Der kam vermutlich von selber, aus Neugier, wenn er nur ein paar Tage wartete.

Er watete hinaus zu den Sandbänken, im Wasser entdeckte er Miesmuscheln, Herzmuscheln und einzelne Austern, es gab auch Krabben, die er sich schnappte, und auf dem klaren Steingrund vor der Sandbank sah er einen Hummer über die Steine laufen. Das war Mutters Lieblingsspeise, wenn sie am Fjord waren.

«Oh», würde sie sagen, «Hummer, Hummer», und sie würde ihn kochen, und sie würden ihn einen ganzen Nachmittag lang essen und loben.

Aber Hummer sind nicht treu.

Weiter draußen erspähte er auf der vom Wasser fast überspülten Muschelbank die weißen Schalen von Austern. Vorsichtig watete er hin, ging in die Knie und öffnete die Austern mit dem Messer aus Feuerstein. Er schlürfte sie aus, eine nach der andern, und er schmeckte das Meer und spürte, wie er zu Kräften kam.

Lange war er nicht mehr übermütig und ausgelassen gewesen, er hatte ja niemanden, mit dem er seine Freude hätte teilen können.

Dieser Gedanke heiterte ihn auf.

Er wollte auf dem Kopf stehen, wenn er wieder an Land war. Er wollte auf einem Bein hüpfen. Er wollte flache Steine übers Wasser flitzen lassen. So, als wäre jemand da.

Singen würde er besser nicht. Keiner kann für sich allein singen. Das macht rasch müde und traurig. Nein, das ging nicht.

Er aß, was er gesammelt hatte, legte sich wieder hin und schaute nach oben. Dann sammelte er flache Steine und ließ sie übers Wasser hüpfen.

Er merkte, daß ein Hase angehoppelt kam und ihn anstarrte, aber er kümmerte sich nicht darum. Er stand auf dem Kopf und sah, daß der Hase mit steif aufgerichteten Ohren dasaß und ihn anstarrte. Da hüpfte er auf einem Bein und trällerte, aber der Hase drehte nur die Ohren, ohne sich vom Fleck zu rühren.

Er wollte den Hasen in Ruhe lassen. Er konnte statt dessen Fisch essen. Am Nachmittag tappte er im seichten Wasser herum und hielt Ausschau nach Plattfischen, deren gepunktete Umrisse man im sandigen Grund sehen konnte. Er spürte drei auf und schleuderte sie blitzschnell an Land. Er sammelte trockenes Holz und entfachte mit Feuerstein und Schwamm ein Feuer, wickelte die Fische in große Blätter, legte sie in die Glut, und bald waren sie gar. Sie schmeckten fein, das von den Gräten gelöste Fleisch war saftig und salzig.

Er schlief am Feuer. Der Mond hatte zugenommen, das Meer flutete rauschend heran, und ein starker Wind blies. Es wurde ein leichter Schlaf. Sobald der Morgen graute, erhob er sich und schlug mit den Armen, um sich zu erwärmen.

Unwillkürlich zog es ihn in Richtung Mitternacht, dorthin, wo die Sandbänke mit den Seehunden waren. Auf der Strandterrasse hielt er Ausschau nach menschlichen Spuren, angehäuften leeren Muschelschalen oder Werkzeugen oder Resten von Feuerstellen, aber er fand nichts. Vielleicht war es von hier aus zu weit zum Wald und zum Holz. Vielleicht blies der Wind zu stark, und deshalb wollte niemand etwas von dem Reichtum wissen, den es hier gab. Windschutz, Holz und Wasser benötigten die Menschen neben dem Essen. Kamen

Häute und Sehnen zum Nähen hinzu, war es noch besser.

Als er in die Nähe der Seehundbänke kam, sah er über der Wasseroberfläche dunkle Punkte auf und nieder schaukeln. Das konnten keine Seehunde sein und auch keine anderen Meerestiere, aber vielleicht Kanus, die auf den Wellen dahinfuhren.

Bald wurden die drei Punkte länglich, und er sah, daß sich Paddel im Wasser bewegten, wenn auch anders, als er es gewohnt war.

Der Atem stockte ihm, als er einen Augenblick daran dachte, daß da vielleicht Verwandte von ihrem Sommerwohnplatz aus der Küste entlangpaddelten. Drei Kanus, das wäre ja ein richtig großer Stamm, drei Familien vielleicht, mit Alten und Kindern, die herumtobten. Eine fröhliche, lebenslustige Gemeinschaft. Alles, was die Mutter und der Vater von einem Wohnplatz mit etwa dreißig Menschen erzählt hatten, hatte er deutlich vor Augen, während er die schaukelnden Punkte beobachtete, die offensichtlich auf die Seehundbänke zusteuerten.

Ob sie ihn von ihren Kanus aus sahen? Wie er am Strand stand? Würden sie argwöhnisch werden oder würden sie ebenfalls denken: Da steht einer von unseren Verwandten? Welche Freude, einen Jungen aus dem Clan der Baummarder zu treffen, der zum See der Kraniche unterwegs ist.

«Der See der Kraniche», würde der Älteste unter ihnen sagen, «liegt dort oben. Geh noch zwei Tage, dann hörst du den Schrei der Kraniche am See.»

«Woher kommst du, und wo liegt der Wohnplatz, an dem sich dein Vater und deine Mutter, deine Geschwister und all eure Verwandten aufhalten?» würden sie fragen. Und er würde es ihnen erzählen und von seiner Wanderung berichten.

Nur von der Bauerntochter würde er nichts sagen.

Er wurde schamrot bei diesem Gedanken.

Er stellte fest, daß sie zu dritt in jedem Boot waren, einer saß im Vorsteven, einer ruderte mit Paddeln in beiden Händen und mit dem Rücken zur Fahrtrichtung. Das hatte er noch nie gesehen. Einer saß achtern und hielt mit einem Ruder den Kurs. Er konnte ihre Gesichter zwar nicht erkennen, zweifelte aber daran, daß es Verwandte waren.

Ob sie ihn sahen?

Zwei der Boote drehten ab zur Außenseite der Seehundbank, während das dritte sich auf die gegenüberliegende Seite zubewegte. Dabei riefen sie laut, sehr laut, und seine Zweifel, es könnten Verwandte von ihm sein, verstärkten sich.

Konnten Menschen seines Volkes so laut schreien?

Sie hatten ihn nicht gesehen. Er merkte, daß sie dem Ufer und ihm keinerlei Beachtung schenkten, sie interessierten sich ausschließlich für die Seehundbänke, auf denen alte und junge, große und kleine Seehunde lagen und sich sonnten.

Die beiden Boote hatten die Bänke erreicht, die Männer im Vorsteven stiegen aus und wateten, mit Keulen und Messern in den Händen, unauffällig auf die friedlich dösenden Seehunde zu. Als die Tiere merkten, was drohte, versuchten sie nach allen Richtungen zu entkommen. Aber vom Meer her wurden sie von den Männern in den zwei Booten zurückgejagt, und von der Landseite erschreckten sie die Männer im dritten Boot mit lauten Rufen und Stockschlägen auf das Wasser, und so flohen sie auf ihre Sandbänke zurück.

Die Männer gingen von Seehund zu Seehund, schlugen ihnen die Keulen über den Kopf und stießen ihnen dann die scharfen Eisenmesser in den Hals. Überall floß das Blut, auch das der kleinen Seehunde, die nicht von ihren Müttern wichen.

Der Junge stand am Ufer und wußte nicht, was er tun sollte. Wer sollte denn all diese Seehunde essen, wer sollte ihren Speck kauen, wer ihre Haut zu Riemen und Angelschnüren, ihre Därme zu Bogensehnen und Fäden verarbeiten?

Er begriff das nicht.

War das das Ende der Welt, von dem seine Mutter gesprochen hatte?

Die Männer sahen ihn nicht. Als wüßten sie nicht, was sie taten, sammelten sie die toten Seehunde ein, schleppten sie zu den Booten, die bis fast an den Rand gefüllt wurden. Dann ertönten wieder Rufe, sie legten ab, ruderten zurück, woher sie gekommen waren. Dabei redeten sie und lachten, während die überlebenden Seehunde ihre Köpfe aus dem Wasser streckten und es nicht wagten, einen Laut von sich zu geben.

Die Boote nahmen Kurs in Richtung Mitternacht. Das Wasser überspülte die Seehundbänke und wusch das Blut ab.

Der Junge stand da wie gelähmt und starrte den Booten nach, bis sie als kleine Punkte am Himmelsrand verschwunden waren. Welche Dörfer lagen dort? Wie viele Bauern lebten wohl in ihren Häusern? Was hatten ihre Väter und Mütter ihnen erzählt?

Die Seehunde wagten sich gegen Abend, als das Meer grau wurde, vorsichtig zu ihren Sandbänken zurück. Der Wind kräuselte die Wasseroberfläche, Wolken zogen auf, dick und weiß trieben sie tief über dem Meer dahin.

In Richtung Mitternacht lag der See der Kraniche. Würde er auf seinem Weg dorthin am Dorf der Robbenmörder vorbei müssen?

In seiner Ohnmacht dachte er an Kleine Spitzmaus, den alten Mann im Wald.

14

Einige Tage wanderte der Junge ohne Namen die Küste auf und ab. Ständig spähte er in Richtung Mitternacht, ob die Boote zurückkehren würden, aber er war auch voller Unruhe, weil er nun bald beim See der Kraniche sein würde. Er fühlte, daß er nicht vorbereitet war, und er fürchtete sich davor, sich wieder auf den Weg zu machen.

Endlich brach er auf, war fest entschlossen. Trotzdem blieb er immer wieder stehen, blickte hinaus aufs Meer, blickte zurück, hinein ins Land. Die Hügellandschaft wich den Feldern der Bauern, den Dörfern und später dem Wald, breite und dichte Schilfgürtel raschelten in der Sonne, es bestand kein Zweifel, daß hier irgendwo der See der Kraniche liegen mußte.

Nach einer weiteren Tageswanderung sah er vor sich eine hohe, mit windschiefen Bäumen bewachsene Terrasse, für einen Sommerwohnplatz ein geschützter Ort. Mitten im Schilfmeer entdeckte er eine kleine Waldinsel. Sie war ziemlich weit weg, blau bis blauschwarz ragte sie aus dem Schilf. Er blieb stehen und beobachtete den Himmel, bald bemerkte er die schwarzen Umrisse der Kraniche, die aus der Waldinsel aufstiegen und hineintauchten. Dort mußte der See sein.

Ein Stück weiter die Küste hinauf, da, wo die hohe Terrasse lag, flogen die Kraniche einzeln und in Scharen über seinem Kopf dahin, sie schrien, wenn sie ihn sahen, und alle kamen vom selben Fleck oder kehrten dorthin zurück.

Er verbrachte eine weitere Nacht am Strand, noch vor Tagesanbruch machte er sich auf den Weg ins Sumpfgebiet. Jetzt im Sommer war es beinahe ausgetrocknet, nur in einigen Löchern, in denen Enten paddelten und sich zwischen dem Schilf versteckten, stand noch Wasser. Die harten Blätter raschelten und schnitten ihn in Gesicht und Hände. Er konnte nichts sehen zwischen dem hohen Schilf; um die Richtung zu bestimmen, stieg er auf kleine Torfhügel oder eine Moorinsel.

Er ging den halben Tag, er hatte den Wind im Rükken und hörte das Schreien der Kraniche nicht.

Es war heiß und feucht. Der Widerschein der Sonne auf den Wasserlöchern blendete, und überall schwirrten die Insekten. Sie setzten sich ihm aufs Gesicht, in die Ohren, in die Nasenlöcher und die Augen. In alle Öffnungen wollten sie hinein.

Um die Mittagszeit sah er die Baumwipfel des Waldes hinter dem Schilfvorhang, dunkel und grün, eine angenehme Kühle wehte herüber. Er versuchte, den kürzesten Weg einzuschlagen, geriet in ein stehendes, seichtes Gewässer mit weichem, warmem, morastigem Grund, voller Würmer und Schnecken, der Lieblingsspeise der Kraniche. Jetzt erspähte er sie durch eine schmale Öffnung im Schilf, einer neben dem andern standen die Kraniche in dem flachen See, eifrig damit beschäftigt, den sumpfigen Grund abzusuchen. Einige stiegen auf und flogen weg, andere landeten und machten sich mit lauten Schreien bemerkbar. Große und kleine liefen durcheinander. Die Jungen hatten die Nester schon verlassen, die als große Halmhaufen im Schilf zu sehen waren, eins neben dem andern, jedes durch einen Schilfstreifen voneinander getrennt. Die Eierschalen lagen noch zwischen den Halmen.

Welchen von ihnen sollte er ansprechen, es waren so viele?

Er erreichte die Waldinsel und trat in den Schatten der Eichen. Ohne Schwierigkeiten sah er zum anderen Ende des Waldes und hinaus zu der hohen Terrasse am Meer, die er sich für den Rückweg ausgesucht hatte.

Er beobachtete die Kraniche von seinem Platz am Waldrand. Sie schwangen sich unvermittelt mit einem Schrei in die Luft, auch die Jungen schlugen mit den Flügeln, flatterten ein Stück und fielen wieder herunter. Sie trugen noch keine dunkelroten Federn auf dem Scheitel. Nach einigen Runden kehrten sie zurück, landeten und suchten wieder den sumpfigen Grund ab. Sie bemerkten ihn nicht.

Er machte einige vorsichtige Schritte hinaus zum See, aber sie kümmerten sich nicht um ihn. Sie warfen ihm nur einen kurzen Blick zu, wenn sie ihre Köpfe hoben, um dann ein Stück weiter erneut nach Schnecken und Würmern zu suchen.

Das waren die Vögel, aus deren Flug man seinen Lebenslauf ablesen konnte, wenn man sich darauf verstand. Das waren die Vögel, an denen der Vater sah, wie der Winter werden würde, hart oder mild.

Der Junge hätte gerne gewußt, worin ihr unendliches Wissen bestand, aber er konnte nichts entdecken.

Das tat weh. Waren sie wie sein Clantier, der kleine Baummarder, der nur klagte und nichts wußte von seiner Weisheit? Kam all das, was im Blick, im Gang, in einer Drehung, in einem Sprung lag, nicht mehr zur Geltung? Waren auch die Kraniche schon dabei, schwermütig zu werden? Er konnte es nicht glauben. Es mußte an ihm liegen, daß er nicht fähig war, es zu sehen.

Die roten Federn zu holen wäre nicht weiter schwierig gewesen, aber er wollte dazu die Erlaubnis des Kranichs. *Er* sollte ihm die Federn für seine Mutter geben, darauf kam es an. Darauf mußte er sich vorbereiten.

Er verbrachte die Nacht in einem Baum. Die Kraniche schliefen in ihren Nestern. Der Schilfwald war voller Geräusche. Als er erwachte, sah er, wie die Kraniche sich steif in ihren Nestern erhoben und widerwillig in den See stiegen, um zu fischen. Bald war der See von den Vögeln besetzt, den ganzen Tag blieben sie da, bis auf wenige Augenblicke, wenn sie aufflogen, um gleich wieder zurückzukommen.

Keiner war bedeutender als die anderen. Am nächsten Morgen war, wie sich zeigte, ein anderer der erste. Jeder konnte die Führung übernehmen und andere zu einem Flug mitreißen. Sie wechselten sich ab an der Spitze des Zuges, und jedesmal, wenn einer überholte, um ganz vorne zu fliegen, änderte der Keil seine Form. Aber die Jungen wußten, wer in all dem Gewimmel ihre Eltern waren.

Am dritten Nachmittag schließlich entschloß er sich zu handeln. Er ging einfach zum See, stieg ins Wasser und sagte:

«Liebe Kraniche, ich bin ein Junge ohne Namen, der

zu eurem See geschickt wurde, um für den Lederbeutel seiner Mutter, in dem sie all das aufbewahrt, was auf dieser Welt Kraft und Macht hat, drei von euren roten Nackenfedern zu holen. Wer von euch erlaubt mir, ihm diese drei roten Federn auszurupfen?»

Da wandten sich auf einmal alle Kraniche ihm zu, er sah ihre Augen leuchten, und es war ein lustiger Anblick, wie sie dastanden mit halboffenen Schnäbeln, in denen noch die Beute zappelte. Ihre gefiederten Körper zitterten, und die Jungen tapsten spritzend zur Seite. Ein Kranich stolzierte langsam auf ihn zu, stellte sich vor ihn hin und blickte ihn an, und da sah der Junge, daß in den Augen des Kranichs die milden und die harten Winter und alle Schicksale zu lesen waren.

«Lieber Junge ohne Namen», sagte der Kranich, «wir haben dich seit langem erwartet, seit Tagen haben wir gewußt, daß du uns um drei von unseren roten Nackenfedern bitten würdest, die wir dir gerne geben wollen für den Beutel deiner Mutter, in dem sie alles aufbewahrt, was auf dieser Welt Kraft gibt und Macht. Unsere roten Federn verleihen wahrhaftig viel Kraft, sie erheben uns zum Himmel, wenn wir es wollen, und sie verleihen uns die Gelassenheit, nicht mehr zu wollen, als wir schon haben. Denn wisse, lieber Junge, die Kraniche sind sehr glücklich.»

Der Vogel neigte den Kopf, vorsichtig rupfte der Junge drei rote Federn aus, nahm seinen Lederbeutel, öffnete ihn und zeigte dem Kranich, wie er sie darin verwahrte.

«Danke, lieber Kranich», sagte er, «jetzt habe ich getan, worum meine Mutter und mein Vater mich baten, mögest du und mögen alle Kraniche in diesem See stets glücklich sein.»

«Darüber mach dir keine Sorgen, lieber Junge», sagte der Kranich, «wir achten den ganzen Tag darauf.» Damit wandte er sich um und mischte sich unter die anderen Vögel. Der Junge konnte ihn schon bald nicht mehr von den anderen Kranichen unterscheiden, und auf keinem Scheitel bemerkte er Spuren von ausgerupften Federn.

Er wußte nicht, was er denken sollte, so leicht war es gegangen, ja so leicht ging vielleicht alles Bedeutende. Jetzt würde er einen Namen bekommen, und es würde ein guter Name werden. Ein Name, über den er vor Freude lachen würde, davon war er überzeugt.

Aber hier am See der Kraniche hatte er nichts mehr zu suchen. Sie beachteten ihn nicht. Er mußte fortgehen. Nicht einmal einen Abschiedsgruß würden sie verstehen.

Die Sonne im Rücken trat er den Heimweg durch den Schilfwald an, hielt sich jedoch mehr Richtung Mitternacht, um direkt unterhalb der Steilterrasse die Küste zu erreichen, die zum Land hin noch von der Sonne beschienen wurde, während die steile, dem Meer zugewandte Seite in blauem Schatten lag.

Er erreichte noch vor der Dämmerung die Küste und stieg die Steilterrasse hinauf. Über dem Meer wurde es bereits dunkel, während über den Wäldern noch der letzte rote Schein des Sonnenuntergangs leuchtete. In Richtung Mitternacht sah er weit draußen einen Meeresarm, vielleicht der große Fjord, von dem der Vater erzählt hatte, und dort flackerte Licht neben Licht, mindestens sechs oder sieben Feuer, im Freien oder aus den offenen Türen der Bauernhäuser scheinend.

Von dort mußten die Robbenmörder gekommen sein. Dort war ein großes Dorf. Die Freude über die roten Federn ließ ihn das Entsetzen über die Greueltat der Robbenmörder beinahe vergessen. Niemand konnte ihm etwas tun, das fühlte er, das Glück war bei ihm. Nur eine einzige kleine Rede an die Kraniche, und sie hatten ihm ihre roten Federn geschenkt, die zu erbitten er solche Angst gehabt hatte.

Nun konnte er nach Hause zurückkehren, aber er wollte sehen, ob da vor ihm die Mündung zum großen Fjord war. Er wollte sich im Morgengrauen an dem Dorf vorbeischleichen oder in der Dämmerung. Sie würden ihn sowieso nicht bemerken.

Die Zeit, die vor ihm lag, war nicht so lang wie die, die vergangen war. Trotzdem wollte er nichts überhasten, er wollte herumstreifen und dabei langsam heimkommen.

Es war sicher gut, wenn er das ganze Land zwischen den großen Fjorden bis hinunter zu ihrem See kannte.

Er ließ sich am Ufer nieder. Der Mond stieg über dem Meer auf, und eine frische Brise wehte. Er hatte Lust, ein kleines Lied für sich zu singen, und das tat er:

Die freundlichen Kraniche gaben mir ihre Federn,
die roten Federn für meine Mutter.
Die freundlichen Kraniche gaben
alle Kraft und Macht der Welt
der kleinen Schar des Baummarderclans.
Wie bin ich doch froh.

Bei dem Gesang dachte er auch an die Bauerntochter, aber ohne schmerzliche Sehnsucht. Er sah sich lächelnd vor ihr stehen und sagen: «Der Kranich hat mir Federn für den Beutel meiner Mutter geschenkt. Was willst du haben, ich hole es.» Und sie sagte zu ihm: «Ich wünsche mir die Eckzähne eines Bären.»

«Ich werde sie dir beschaffen», sagte er.

Er wußte ja, wo sich Meister Petz aufhielt. Er konnte ihn im Wald vor dem Dorf aufspüren.

Aber wie sollte er den Bären samt Fell tragen. Das war vielleicht doch zuviel.

So schlief er mit einer süßen Traurigkeit im Herzen ein. Leicht, als sei der Schlaf eine Feder.

15

Früh am nächsten Morgen erwachte er naß und klamm, dunkle Wolken hingen über dem Meer, die Wellen plätscherten leise im Regen. Vor der Steilterrasse lagen überall am Ufer und im Wasser Steinblöcke, zwischen denen Schwäne fischten.

Er untersuchte die Gegend nach menschlichen Spuren, fand aber kaum etwas. Hier schien sich niemand regelmäßig aufzuhalten, obwohl alles, was man brauchte, vorhanden war.

Er wanderte die Küste hinauf in Richtung Mitternacht. Der dichte Schilfgürtel trennte auch hier Meer und Land, und nur undeutlich erkannte er dahinter Hügel und ein langgezogenes Vorland. Da mußte der große Fjord sein, falls sein Vater recht hatte.

Er ging langsam im strömenden Regen weg vom Meer, drehte sich nur ab und zu um, damit er den Regen nicht immer im Gesicht hatte. Dieses Wetter eignete sich ausgezeichnet, um sich dem großen Dorf zu nähern, die Sicht war schlecht, und alle saßen drinnen am Feuer. Sogar die, die draußen am Meer oder im Fjord waren, um zu fischen, würden am Abend heimkommen.

Als er wieder einmal stehenblieb, vornübergebeugt

gegen Wind und Regen und den Kopf zum Schutz vor dem Regen zur Seite gedreht, bot sich ihm draußen auf dem Meer ein merkwürdiger Anblick: ein Boot, das so groß war, wie er noch nie eines gesehen hatte. Es hatte eine lange Stange in der Mitte und eine große, stark gefärbte Leinwand aufgespannt. Aus dem Boot ragten mindestens zehn Ruder, die es vorantrieben. Achtern stand auf einer kleinen Erhöhung ein Mann und steuerte mit einem großen Ruder. Im Vorsteven stand ein zweiter Mann, ebenfalls erhöht, und schaute nach vorne.

Der Wind blies von der Seite in die große Leinwand und blähte sie gewaltig auf, aber das Boot neigte sich nur wenig zur Seite, es schien tief im Wasser zu liegen.

Es segelte der Küste entlang, und er vermutete, daß es in den Fjord wollte.

Er erinnerte sich, wie der Vater ihm von einem gewaltigen Boot erzählt hatte, das er einmal, ein einziges Mal in seinem Leben gesehen habe, und die Leute an Bord seien an Land gegangen und hätten mit den Bauern Waren getauscht. Wachs wollten sie haben, aber auch feine Pelze, Otter und Eichhörnchen, und sicher hatten sie auch nach Biberfellen gefragt.

Das Boot segelte ziemlich schnell und verschwand. Kurz darauf änderte es die Richtung, fuhr hinaus aufs Meer, aber beim nächsten Kurswechsel sah er, wie es genau auf den Fjord zuhielt. Das waren vermutlich Leute, die das Fahrwasser gut kannten und die wußten, wo Untiefen und Sandbänke waren.

Zur Mittagszeit, als die Sonne für eine Weile hinter einer Wolkenschicht hervorschien, ruhte der Junge sich aus und wärmte und trocknete sich. Am späteren Nachmittag nahm der Regen wieder zu, und er wurde ungeduldig, weil er sich ein so weites Ziel gesteckt hatte.

Es frischte auf, der Wind schlug um, blies zuerst vom Meer und der Küste entlang und kam dann von hinten. Die Wolkenschicht riß auf, dafür ballten sich dicke Wolken über dem Land, und dahinter bildete sich eine kohlschwarze Wand, die sich ausbreitete, und bald zuckten hell die Blitze.

Es war das erste Gewitter auf seiner Wanderung, es zog herüber zur Küste, blieb aber doch über dem riesigen Schilfmeer hängen. Die Vögel saßen stumm in ihren Nestern, nur ein paar Schwalben jagten Insekten in der schwülen Feuchtigkeit. Auf einmal war es völlig still, dann kam der Blitz, und unmittelbar darauf krachte der Donner. Es war ziemlich dunkel, nur das bleiche Meer leuchtete ein bißchen, und am untersten Rand des Himmels befand sich ein heller Streifen.

Der Junge lief zwar weiter, aber er hatte Angst.

Bald setzte der Regen über dem Land ein, der Wald verschwand, und über dem Schilfgürtel wurde es finster. Der Regen brach mit aller Gewalt herein, der Junge sah, wie das Schilf niedergepeitscht wurde, wie die Spitzen knickten, während die Vögel ganz unten am Boden in ihren Verstecken ausharrten.

Dann erreichten Regen und Sturm auch die Küste, um ihn krachten die Donnerschläge, bläuliche und grünliche Blitze blendeten ihn in der Dunkelheit, durch die er voller Schreck lief, den Kopf zur Erde gebeugt. Trotzdem sah er, wie die Schwäne unbeeindruckt draußen in dem seichten Wasser gründelten. Bald war die dunkle Wolke vorüber, und er erblickte das Dorf auf der Anhöhe, eines der Häuser hatte weiße

Wände, die im Licht der Blitze leuchteten. Um die Häuser wuchsen die Holunderbüsche, deren weiße Blütendolden von Regen und Sturm zerzaust wurden.

Das Gewitter wurde von dichtem Landregen abgelöst, nur in Richtung Sonnenuntergang zeigte sich ein rötlich flammendes Licht. Er war schneller als erwartet nahe an das Dorf herangekommen, und er hatte recht gehabt. Niemand befand sich draußen. Nur ab und zu öffnete sich eine Tür, und jemand schaute nach dem Wetter.

Er machte einen weiten Umweg um die Anhöhe und stieß bald auf einen Pfad, der hinunter zum Wasser führte. Der Fjord, der das Land durchschnitt, blinkte grau und weit im Regen.

Durch das dämmrige Licht sah er das Schiff auf dem Wasser schaukeln und die vielen kleinen, an Land gezogenen Boote. Ein Stück vom Ufer entfernt loderte ein Feuer, Gestalten bewegten sich dort, dahinter ein im Wind flatterndes Zelt, in dem ein Licht brannte.

Er dachte wieder an die Seehunde. Wo sie wohl geblieben waren? So schnell konnte man sie nicht aufessen. Es roch weder nach Robbenfleisch noch nach Robbenspeck, dafür hing ein Geruch nach Tran in der Luft, wie daheim in der Hütte, wenn die Mutter aus einem alten Seehund Tran zu kochen pflegte, um im Winter Lampenöl zu haben.

Er mied den Schein des Feuers, hörte aber bald, daß die Hunde zu knurren begannen. Sie hockten beim Feuer, starrten in die Dunkelheit und hatten ihn durch den Regen gewittert.

Er zog sich vorsichtig zurück. Er sah zwei Männer auf seiner Seite des Feuers auftauchen und in die Dunkelheit starren. Die Hunde hatten sich aufgerichtet und knurrten wütend. Der Junge verharrte bewegungslos hinter seinem Busch. Er wußte, daß er nicht fliehen konnte.

Die Männer redeten miteinander und traten wieder hinter das Feuer, aber die Hunde hörten nicht auf zu knurren, und die Männer kamen zurück und gingen in der Dunkelheit direkt auf ihn zu. Er sah ihre Gesichter. Die Hunde folgten kläffend, blieben aber hinter den Männern. Dann entdeckten ihn die Männer hinter dem Busch.

Sie warfen sich auf ihn. Der Zwiebelgeruch aus ihren Mündern und ein starker Schweißgeruch schlugen ihm entgegen, als sie ihn an den Armen packten und sie ihm auf den Rücken drehten. Er gab keinen Laut von sich, dachte nur an die drei Kranichfedern in seinem Lederbeutel, die sie auf keinen Fall bekommen durften.

Er ging mit ihnen, ohne Widerstand zu leisten. Er spielte den Wehrlosen und Unbeholfenen, dachte an den Vater, der gesagt hatte, er solle sich wie ein Narr verhalten.

«Miau», machte er wie eine Katze. Ihm fiel nichts anderes ein, aber die beiden Männer blieben stehen und schauten ihn an.

«Miau», machte er noch einmal. Die Hunde kläfften wie verrückt. Die Männer schauten ihn an, warfen sich einen Blick zu und schüttelten den Kopf, lockerten aber nicht ihren Griff. Da erschienen zwei andere Männer, nicht in Bauernkleidern, vornehmer, und sie redeten in einer Sprache, die nicht die der Bauern war. Sehr schnelle und klare Laute.

Sie schienen darüber zu reden, daß er wie eine Katze

miaut habe, und dann lachten sie. Vielleicht, weil er eher einer ersoffenen Maus glich.

Sie zogen ihn in den Schein des Feuers, drehten ihn herum, stellten ihm Fragen und schubsten ihn ein bißchen. Es kamen noch mehr dazu, und alle lachten sie über ihn, aber er merkte, daß sie keine Angst vor ihm hatten.

Schließlich ließen sie ihn los, er stand einfach da, und sie redeten über ihn. Er nahm sich vor, nicht wegzulaufen und kein Wort zu sagen. Kein einziges Wort, hatte der Vater ihm eingeschärft, aber tanzen wollte er nicht.

So stand er da, und inzwischen redeten sie ernsthaft über ihn. Einer trat auf ihn zu und klopfte ihm auf die Schulter, aber er schaute ihm nicht in die Augen, er schaute ins Feuer.

Sie begaben sich zu einem kleineren Feuer und ließen ihn stehen. Dort aßen sie im Stehen, hoben ihre Becher und riefen sich etwas zu, stets ausgelassen und gut gelaunt. Einer kam mit einem Becher und etwas zu essen, aber der Junge ließ die Arme hängen und nahm nichts an, auch nicht, als der Fremde ihm das Essen in die Hand schieben wollte. Da ging der Fremde kopfschüttelnd weg.

Jetzt ertönte ein Pfiff, und in der Zeltöffnung erschien ein Mann, vielleicht der, der im Vorsteven gestanden hatte. Er rief den Männern am Feuer etwas zu, und sie verstummten, nur noch zwei wechselten ein paar Worte. Einer von ihnen deutete auf den Jungen ohne Namen, der beim Feuer stand, und der Mann winkte ihn mit einer gebieterischen Handbewegung zu sich.

Wie die andern trug er nicht die Tracht der Bauern, sondern ein farbiges, kariertes Gewand. Er hatte einen sauber geschnittenen Bart und kurzgeschnittenes Haar, seine Füße steckten in geschnürten Schuhen aus weichgegerbtem Leder.

Und auf einmal entdeckte der Junge auf den Wangen des Fremden die blauen Narben des Clans, und er merkte, daß der Fremde ein bißchen errötete.

Der Fremde lächelte ihn an, um sein Gefühl zu verbergen, wie ihm schien, und redete ihn in der Sprache der Baummarder an:

«Wer bist du? Woher kommst du? Warum tauchst du in der Nacht hier auf und weckst unser Mißtrauen?»

Der Junge konnte nicht antworten. Er durfte nicht antworten. Er wollte nicht antworten. Der Fremde betrachtete ihn mit einem Lächeln, in dem auch Unsicherheit war. Er ging zurück zum Zelt und ließ ihn von zwei Männern hereinbringen.

«Warum antwortest du mir nicht?» fragte er, «siehst du nicht, daß ich die Zeichen des Baummarderclans trage, und gehörst du nicht selbst zu diesem Clan?»

Nun konnte er die Antwort nicht länger verweigern. Das würde sein Vater sicher nicht verlangen.

Er holte tief Luft und zitterte am ganzen Körper.

«Ich bin ein Junge ohne Namen und gehöre zum Clan der Baummarder», sagte er.

Der Fremde nickte.

«Ich bin selbst ein Junge ohne Namen gewesen», sagte er.

«Ich bin zum See der Kraniche gewandert», sagte der Junge.

«Der ist nicht weit von hier», sagte der Fremde, «hast

du die roten Federn vom Scheitel der Kraniche bekommen?»

«Ja», sagte der Junge, «ein freundlicher Kranich schenkte sie mir für den Lederbeutel meiner Mutter.»

«Die Kraniche sind sehr treu», sagte der Fremde und lächelte, «auch ich habe einst die roten Federn einem freundlichen Kranich ausgerupft.»

Der Fremde wußte alles, ohne daß er es ihm gesagt hätte.

«Ich bin dein Onkel», sagte der Fremde.

Der Junge ohne Namen blieb stumm.

«Ich bin der Bruder deines Vaters», sagte der Fremde, «hat er nie von seinem Bruder erzählt, der den Clan verließ und in die Fremde ging?»

Der Vater hatte nie ein Wort davon erwähnt und auch die Mutter nicht.

«Für ihn hat es mich nie gegeben», sagte der Fremde, der sein Onkel war, «ich habe meinen Namen und meine Verwandten verraten, als ich wegging von dem See, den du so gut kennst.»

Der Junge betrachtete ihn und fand, daß der Vater recht hatte.

«Ich wollte mich nicht begnügen mit der Lebensweise deines Vaters und deiner Mutter und unserer Vorfahren», sagte der Fremde.

«Verstehst du mich?» fragte er später in der Nacht, nachdem er eine Menge erzählt hatte von dem fremden Land, in das er zog, von der schönen Frau, mit der er lebte, von dem Haus, in dem er wohnte, und von den Kleidern, die er, seine Frau und seine Kinder trugen.

«Und sie können alle schreiben», sagte der Onkel.

Er zeigte ihm eine Tafel, auf die kleine Zeichen gekritzelt waren:

«Das ist schreiben», sagte der Onkel, «damit kann man alles mitteilen.»

Der Junge war müde, er wollte schlafen, der Onkel sah es, aber er ließ ihn nicht gehen.

«Bleib bei mir», sagte er und schickte seine Leute weg, wenn sie ins Zelt kamen, um etwas zu berichten.

«Ich möchte einen mächtigen Mann aus dir machen», sagte der Fremde, «du hast gute Anlagen, wie ich sehe. Baummarder können es weit bringen in der Welt. Sie wissen viel, was andere nicht wissen. Und sie halten zusammen. Es gibt überall in der Welt Baummarder. Wenn sie auch nicht mehr im Wald leben, so sind sie doch im Innersten Baummarder geblieben. Nur darum geht es, daß man sein eigentliches Wesen nicht verrät. Was willst du nun tun?» fragte er zum Schluß.

«Schlafen», sagte der Junge ohne Namen, «schlafen und morgen weiterziehen.»

Da fing der Onkel an, ihn zu verspotten, weil er nicht wisse, was gut für ihn sei, weil er an einer Welt festhalte, die sowieso nicht mehr bestehe.

«Gibt es außer Aal und ein paar Hasen etwas anderes zum Leben?» fragte er höhnisch. «Oder habt ihr noch Hirsche und Wildschweine, wie unsere Vorfahren?»

Der Junge blickte zur Seite.

«Nichts habt ihr, und es gibt nichts für euch als Armut und Tod», sagte der Onkel, erhob sich und ging zu seinen Männern.

Da schlief der Junge ohne Namen auf dem Grasboden des Zeltes ein und erwachte nur halb, als der Onkel zurückkam. Der Junge spürte, daß er ihn lange betrachtete, daß er unruhig war, aber auch, daß er ihn in Ruhe lassen wollte.

In der Nacht träumte er, daß er heimgekommen war und Abend für Abend seine Geschichte erzählt hatte, und jedesmal, wenn er sagte, er habe seinen Onkel getroffen, hatte sich der Vater erhoben und war hinausgegangen. Wenn er dann spät zurückkam, hatte er mit keinem Wort den Onkel erwähnt und nur gesagt:

«Und was hast du sonst zu erzählen?»

Am nächsten Morgen führte der Onkel ihn herum. Er zeigte ihm sein Schiff und die Tonnen voll Tran, die an Bord sollten. Er nahm ihn mit ins Dorf und stellte ihn großmäulig als echten Baummarder vor, worauf die Bauern in Gelächter ausbrachen und meinten, das sei ja ein ganz gefährlicher Bursche.

Er sah auch die Bündel von ungegerbten Robbenfellen, eingerieben mit Kreide von dem Felsen, auf dem das Dorf lag, und er versuchte voller Abscheu, die Gesichter wiederzuerkennen, die er in den Booten bei den Seehundbänken gesehen hatte.

«Und du willst immer noch nicht bleiben», fragte der Onkel, «und mit mir kommen, zu Ehren der Baummarder?»

Darauf konnte der Junge nicht antworten, und er schaute weg.

«Dann mach, was du willst», sagte der Onkel plötzlich, drehte sich um und ließ ihn stehen.

Der Junge ohne Namen sah ihn hinuntergehen zu seinem Schiff, sah ihn verschwinden. Da ging er ebenfalls, landeinwärts lief er, dem Fjord entlang, zu dem sich der Wald so üppig und grün herunterzog; dort würde er bald verschwinden und er selbst sein.

16

Der Mond, der gerade aufgegangen war und bald voll und rund am Himmel stehen würde, mußte noch zweimal erlöschen und neu erscheinen, ehe der Junge ohne Namen mit den roten Kranichfedern für den Lederbeutel seiner Mutter zu Hause ankommen würde.

Es war die Zeit des Überflusses. Er konnte von Waldstück zu Waldstück gehen und sich mit Beeren vollstopfen. Zuerst reiften die kleinen Erdbeeren, die an trockenen Hängen und auf Lichtungen im dürren Gras wuchsen, dann die Himbeeren an den Stellen im Unterholz, wo morsche Äste und verfaulte Stämme lagen, und schließlich die glänzenden, schwarzen Brombeeren, die ein undurchdringliches Gestrüpp bildeten. Überall schossen jetzt die Pilze aus dem Boden, besonders die gelben Pfifferlinge, sie wuchsen in Massen dicht nebeneinander im Moos, zwischen den Flechten, im Gras und auch unter dem Heidekraut, das sich über ein brachliegendes Feld ausgebreitet hatte. Die grünen, sauren Äpfel waren voll Saft, die Birnen voll Herbheit, aber auch voll Süße. Dann wurden die Nüsse reif und fielen herunter, und er knackte um die Wette mit den Mäusen und den Eichhörnchen.

Er war dem Fjord weit hinein ins Land gefolgt, aber

dann kam er zu tiefen Fjordarmen und Flüssen, und er mußte weite Strecken gehen, bevor er eine Stelle fand, wo das Wasser niedriger war und er hindurchwaten konnte.

Er lief stetig in die Richtung, wo die Sonne untergeht, wurde aber dorthin abgelenkt, wo sie am Mittag steht, bis die Flüsse gegen Sonnenuntergang flossen, und er wußte, daß er sich auf dem Rückweg befand.

Tag für Tag berechnete er den Aufgang und den Untergang der Sonne, verfolgte ihren Lauf und ob die Tage und Nächte schon ungleich waren. Mehr noch aber dachte er, wie er an dem großen Dorf auf dem Hügel vorbeikommen sollte, ohne versteckt bei der Quelle darauf zu warten, daß die Bauerntochter mit dem Wasserkrug unter dem Arm auftauchen würde.

Die Begegnung mit dem Bruder des Vaters hatte ihn entmutigt. Er war seitdem nie mehr richtig fröhlich und munter gewesen und hatte in allem eine Bestätigung dafür gesehen, daß der Baummarder tot war und daß niemand den Clan davor bewahren konnte, wie sein Stammtier zugrunde zu gehen. Er hatte sich vorgestellt, wie er zusammen mit seiner Schwester ein einsames Leben am See führen und wie eh und je Aale fangen würde, während die Bauern allmählich die Wälder abbrannten und sie rodeten, und er hatte keine Möglichkeit gesehen, ohne den Vater und die Mutter zu überleben. Oder, falls es ihm gelingen sollte, die Bauerntochter für sich zu gewinnen, was hatte er ihr zu bieten?

Er wagte es nicht mehr, mit ihr in Gedanken zu scherzen.

Er gelangte zu dem Fjord, an dessen gegenüberliegendem Ufer ihr Sommerwohnplatz lag. Er hielt Ausschau nach der dünnen Rauchsäule über dem Platz, sah aber nichts. Sie waren bestimmt längst wieder am See und redeten darüber, daß er wohl bald heimkehren werde.

«Nein», würde der Vater sagen, «heute nicht, erst in ein paar Tagen, da wendet sich das Jahr.»

In diesen Tagen näherte er sich dem Dorf an den Hügeln, und er blieb öfter stehen als sonst, nicht, um etwas Bestimmtes zu überlegen, sondern weil er in Grübeleien versank.

Der See unterhalb des Dorfes blinkte. Es waren einige Boote draußen, Männer hingen über der Bordkante und angelten.

Über den Hügeln war die Luft klar. Aus den Häusern stieg der Rauch, und der starke Geruch des Bauerndorfes stieg ihm in die Nase: Rauch, Milch und Mist. Er hörte die vertrauten Rufe der Mütter nach ihren Kindern.

Die Männer waren auf dem Acker. Die Mädchen hüteten vielleicht auf den abgeernteten Stoppelfeldern die Gänse, das Getreide lag sicher aufbewahrt in Schobern zwischen den Häusern.

Er hatte das überall beobachtet, wo er von seinem Waldversteck aus über das offene Land geschaut hatte.

Er ging zur Quelle. Das Wasser sprudelte reichlich und floß dann weiter in einem Bach durch den Wald. Er trank ein bißchen, schüttete sich Wasser ins Gesicht und setzte sich versteckt hinter die Büsche.

Da kamen plaudernd zwei ältere Bauersfrauen den

Weg herunter. Sie füllten ihre Krüge und verschwanden wieder. Sie sprachen schleppend, aber er meinte, einige Worte zu verstehen. Wenn die Sprachen letztlich gleich waren, nur etwas verdreht und verzerrt, dann müßten sich mit etwas Geduld alle verstehen. Kleine Spitzmaus war nicht schwer zu verstehen gewesen.

Kurz vor Mittag erschienen die drei Mädchen, auf die er gewartet hatte. Sie, die er nicht hatte vergessen können und mit der er so viel gesprochen hatte, war gewachsen. Ihre Sommersprossen waren den Sommer über dunkler geworden, und wenn sie lachte, wirkte sie irgendwie abwesend. Das war beim letzten Mal nicht so gewesen.

Die beiden andern hatten ihre Krüge gefüllt und waren schon auf dem Rückweg, und sie ließ gerade das klare Wasser in ihren Krug gluckern, da stand er auf und trat auf sie zu.

Sie schlug die Hand vor den Mund, als sie ihn erblickte, aber dann lachte sie, sie lachte auch mit den Augen, und er spürte, daß sie sich freute, ihn zu sehen.

«Erkennst du mich wieder?» fragte er und sprach langsam.

«Du kannst sogar reden», sagte sie, lachte und betrachtete ihn von oben bis unten und sah ihm in die Augen, als wäre das ganz selbstverständlich.

Die Mädchen oben am Weg schauten erschrocken herunter zu ihnen, sie schaute hinauf und wurde unruhig. Er bemerkte einen kurzen Schmerz in ihrem Blick, aber dann lachte sie.

«Ich wußte nicht, daß du sprechen kannst», sagte sie und strich mit ihrer Hand über seine.

«Ich bin ein Baummarder», sagte er, «ich habe keinen Namen, aber nun bekomme ich einen. Ich habe die roten Kranichfedern für den Lederbeutel meiner Mutter geholt.»

Sie lachte laut. Er sah, daß sie das nicht verstand, aber das war in diesem Augenblick nicht so wichtig.

Der Krug drehte sich in dem Quellwasser.

«Dein Krug», riefen die beiden von oben, erschreckt und entrüstet.

Sie goß das schmutzige Wasser aus und füllte den Krug erneut. Er sah ihren gebeugten Rücken, ihren Nacken und ihr Haar, das nach vorne fiel, und er sah, daß sie kräftig war. Ihr Gesicht spiegelte sich im Wasser, und gleichzeitig blickte sie ihn an, neugierig und erwartungsvoll.

«Vielleicht komme ich wieder», sagte er, als sie sich zu ihm umdrehte, und sie nickte, schüttelte aber gleich darauf ganz sachte den Kopf.

Er mußte seinen Vater um Erlaubnis bitten, sie entführen zu dürfen.

Er würde ein gewaltiges Geschlecht von Baummardern gründen. Die Wälder sollten wieder wachsen, Hirsche und Wildschweine zurückkehren, und jeden Winter würden sie sich mit großen Rindeneimern voll Honig laben. Das würde nicht sofort so sein, aber allmählich.

Er mußte seinen Vater darum bitten, anders würde es nicht gehen. Zuerst würde er seine Mutter darum bitten. Oder noch besser, er sprach vorher mit seiner Schwester darüber, sie würde sowieso mehr von ihm wissen wollen, als er erzählte. Sie würde in einem günstigen Augenblick der Mutter etwas zuflüstern, dann würde ihn die Mutter ein bißchen necken und ihn dazu bringen, ihr alles zu erzählen, die Mutter kannte sich da aus. Ihr Geschlecht stammte von den Bauern. Das hatte es schon früher gegeben. Dann würde die Mutter versprechen, mit dem Vater zu reden, und wenn der Vater seine Bedenken überwunden hatte, mußte er ihn fragen und sich seine Bedenken und Bedingungen anhören, bevor er die Erlaubnis erhielt: Dann würde er zur Quelle gehen, auf sie warten und ihr mitteilen, daß er sie rauben wolle, und eines Tages würde er sie nach Hause tragen.

Das saß in ihm wie Hunger und Durst. Das tobte in seinem tiefsten Innern, ging ihm durch Mark und Bein und unter die Haut.

Er wollte sie nach Hause tragen.

Er fühlte sich erschöpft und unruhig bei dem Gedanken.

Aufgeregt, ängstlich und voller Zweifel näherte er sich der heimatlichen Hütte und dem See mit den Aalen, die so verläßlich waren.

Die Erinnerungen überfielen ihn. Er sehnte sich danach, alles so wiederzufinden, wie es gewesen war, als er fortgegangen war. Die Frau mit den Kühen. Der Auerhahn, der im Unterholz und im Heidekraut balzte.

Wenn er jetzt einen Namen bekam, wollte er sich wie der Vater um Nahrung kümmern. Sie sollten doppelt soviel zu essen kriegen und doppelt so dick werden. Seine Mutter sollte rund und mollig werden und noch mehr Lieder singen, und auch die Schwester sollte nicht länger aussehen wie ein Aalspeer, sondern fröhlich und munter werden und ihre Schwermut vergessen.

Er blieb noch eine Nacht im Wald, lieber einen Tag zu spät als einen zu früh ankommen. Keiner sollte sagen, er hätte es eilig gehabt mit dem Heimkommen. Er bestimmte den Zeitpunkt selbst. Gegen Mittag wollte er da sein, wenn die Mutter und die Schwester aus dem Wald zurückkehrten und der Vater vielleicht mit dem Boot auf dem See war, und sie konnten ihn hereinrufen, nachdem er die Mutter begrüßt hatte.

Als er vom letzten Waldrand, an dem er sich verabschiedet hatte, hinausschaute auf den vertrauten Ort, sah er, daß der Baummarder tot war: tot und vernichtet. Von der Hütte war fast nichts mehr übrig. Gras wucherte über den verkohlten Resten. Das heruntergestürzte Heidekrautdach lag in Trümmern auf der Erde, das Heidekraut blühte, aber er entdeckte keine Spur von Leben.

Bei der Tür lagen die Knochen des Hundes verstreut, von der Sonne gebleicht und voller Ameisen. Der halb verbrannte Aalspeer war umgefallen und lag im Gras. Die Hüttenwände waren nach innen gekippt und darüber lagen die Reste des Dachs.

Die Hütte war nicht von innen heraus verbrannt, nicht von der Feuerstelle aus. Sie war von außen verbrannt, man hatte die Wände angezündet und umgestürzt, dann war das schwere Dach krachend eingefallen und hatte die Hüttenbewohner in Rauch und Feuer erstickt und unter sich begraben.

Die Bauern waren hier gewesen. Der letzte Wald sollte gefällt, neue Äcker gepflügt und bestellt werden.

Der Baummarder war tot. Das war bereits vor vielen Mondwechseln geschehen. Vielleicht schon kurz nach seinem Aufbruch.

Er ging hinunter zum See, das Boot lag hochgezogen auf seinem Platz und die Reuse draußen im Wasser, unbeachtet und sicher zum Bersten gefüllt mit Aalen. Er zog sie heraus und sah das Gewimmel der sich windenden, gelbgrünen Aale, auf dem Gras ließ er sie frei, und sie schlängelten sich sofort hinunter zum See und verschwanden. Er wollte diese Aale nicht.

Er stieg wieder hinauf zur Hütte. Da drinnen mußten der Vater, die Mutter und die Schwester begraben liegen. Dort sollten sie liegenbleiben. Dort hatten sie immer gewohnt. Niemand konnte besser wohnen.

Er setzte sich auf den Boden und weinte. Die Welt war leer wie eine taube Nuß. Es gab nichts mehr für ihn zu tun.

Der Baummarder war tot.

Da kam der Zaunkönig in seinem verschlungenen Flug angeschwirrt. Er pfiff und zwitscherte, setzte sich auf seine Schulter und redete zu ihm.

«Auch ich bin verzweifelt, kleiner Baummarder.»

«Ich bin kein Baummarder», antwortete er, «ich bin bloß ein Junge ohne Namen, ohne meinen Vater und meine Mutter und ohne meine Schwester. Was soll ich auf dieser Welt?»

«Weine nur, kleiner Baummarder», sagte der Zaunkönig, «weine viele Tage.»

«Ich kann nicht auf dich hören, kleiner Zaunkönig», sagte er, «flieg, wohin du willst.»

Und der Zaunkönig flog davon und setzte sich in sein Nest an der Böschung.

«Ich bin ein Junge ohne Namen», sagte er immer wieder, «ohne Vater und Mutter und Schwester, was soll ich jetzt mit den roten Federn machen?»

Er wußte es nicht.

«Die Welt ist bloß wie eine taube Nuß», sagte er.

Und der Zaunkönig hörte alles, was er sagte, aber er schwieg.

So trauerte der Junge einen halben Mondwechsel lang, und er nahm fast keine Nahrung zu sich.

«Ich bin ein Junge ohne Namen», sagte er, «was kann ich schon. Ich habe einen Onkel, der mir einen Namen geben könnte. Was hätte mein Vater dazu gesagt, daß ausgerechnet *er* mir einen Namen geben soll.»

Es verging noch ein halber Mondwechsel.

«Ich muß einen Namen haben», sagte der Junge, «ich muß zu meinem Onkel gehen, er ist ein Mann mit verkehrtem Sinn, aber er ist der einzige, der mir einen Namen geben kann.

Die Trauer würde immer bleiben. Die Trauer und Beschämung darüber, von einem Mann, der den Stamm verraten hatte, den Namen entgegennehmen zu müssen.

Es würde eine weite Reise werden.

«Nicht so weit», sagte der Zaunkönig und kam angeschwirrt.

Es würde viel Zeit vergehen, bevor er vielleicht wieder zur Quelle kommen konnte.

Er warf einen Blick über den See. So einen See wie diesen gab es nicht noch einmal. Vielleicht würde er zurückkehren.

«Tu das», sagte der Zaunkönig, «ich warte auf dich.»

Der Autor

Peter Seeberg wurde 1925 in Skrydstrup, Dänemark, geboren. Er studierte Literaturwissenschaft in Kopenhagen und Rom, befaßte sich aber schon sehr früh auch mit Archäologie. Er nahm an zahlreichen archäologischen Expeditionen und an Ausgrabungen teil, die ihn u. a. nach Kanada und an den Arabischen Golf führten. Seit 1960 ist er Museumsdirektor am Stiftsmuseum in Viborg.

Peter Seeberg hat Romane, Erzählungen, Essays, Theaterstücke, Fernsehspiele und Filmdrehbücher sowie Fachliteratur geschrieben. Seine Bücher wurden in mehrere Sprachen übersetzt.

«Der Junge ohne Namen» ist sein erstes Kinderbuch und zugleich der erste Band einer Trilogie. Er greift darin auf sein großes Wissen als Historiker und Archäologe zurück.

Peter Seeberg wurde mit einer Reihe bedeutender Preise ausgezeichnet, u. a. für sein Gesamtwerk mit dem «Preis der Dänischen Akademie» und mit dem «Literaturpreis des Nordischen Rates».

SKAGERRAK
WESTMEER
GROSSER SEE
NORD
WESTMEER
W
JÜTLAND
KATTEGAT
O
FÜNEN
SEELAND
SÜD